Heidi Rosenstock und Hanne Köhler

Du Gott, Freundin der Menschen

Neue Texte und Lieder
für Andacht und Gottesdienst

Kreuz Verlag

Die Deutsche Bibliothek – CIP-Einheitsaufnahme

Rosenstock, Heidi:
Du Gott, Freundin der Menschen: neue Texte und Lieder für Andacht
und Gottesdienst / Heidi Rosenstock und Hanne Köhler. – 1. Aufl. –
Stuttgart: Kreuz-Verl., 1991
    ISBN 3-7831-1107-2
NE: Köhler, Hanne

1. Auflage 1991
© Kreuz Verlag Stuttgart 1991
Umschlaggestaltung: Jürgen Reichert, Stuttgart
Umschlagbild: Ernst Alt
Satz: EVG Werbung & Publishing, Pfullingen
Druck: J. Ebner Ulm
ISBN 3 7831 1107 2

Inhalt

Vorwort 7

Wir beginnen 11
Voten

Mit Psalmen beten 24
Anbetung

Um Vergebung bitten 44
Kyrie

Die Zusage 71
Gloria

Ruf und Sammlung 81
Kollektengebet

So will ich von meinem Glauben sprechen 93
Credo

Gedenken 101
Fürbittgebete

Ich will dich segnen, und du sollst ein Segen sein 135
Segensworte

Brot und Wein teilen 151
Abendmahl

Quellennachweis 173
Stichwortregister 175

Inhalt

Vorwort

»Darf ich das eigentlich: ein Gebet, ein Glaubensbekenntnis, die Einsetzungsworte zum Abendmahl sprechen?« so fragen oft Kirchenvorsteherinnen und Kirchenvorsteher, mit denen ich an Seminarwochenenden Gottesdienst feiern will.

Mir tun solche Vorbehalte von praktizierenden Gemeindegliedern immer weh, zeigen sie doch, daß sie es nicht gewohnt sind, liturgisch zu feiern. Die Sprache des Gottesdienstes scheint ihrem religiösen Anliegen entrückt zu sein.

Im Gebet geht es uns um die Suche nach unmittelbarer Nähe zu Gott. Diese Nähe erfahren Frauen anders als Männer. Ihre unterschiedlichen Lebenserfahrungen sollen sich auch in der Sprache artikulieren, so, daß Frauen auch benannt werden.

Doch es geht nicht nur um eine frauengerechte Sprache. Die kirchliche Sprache muß überhaupt sorgfältig und nicht diskriminierend formulieren. So sollen behinderte Menschen nicht als Lahme und Blinde bezeichnet werden, sondern als Menschen, die nicht sehen oder nicht gehen können. Trotzdem sind sie Menschen, die in ihrer übrigen Vollkommenheit ernst genommen werden wollen. Längst bemüht sich die Gesellschaft um eine gerechte Sprache, während wir in unseren Gottesdiensten noch immer die »Sprache Kanaans« sprechen.

Wir leben schon lange nicht mehr mit Herrschern und absoluten Königen, wie Generationen vor uns. Manche alten Texte mögen als historisch-literarische Kostbarkeiten gelten, doch sie reden nicht mehr mit den Menschen unserer Zeit. So sollte ursprünglich die Gottesanrede »Herr« Gott über alle Herren dieser Welt stellen. Leider ist dieser Sinn der Anrede heute verlorengegangen. Mir scheint, die häufige Anrede »Herr« im Gottesdienst rückt Gott in die Ferne.

Wonach wir uns aber sehnen, das ist Gott in unserer Nähe. Gott bei uns, wenn wir leiden, Gott bei uns, wenn wir uns freuen.

So soll die Sprache des Gottesdienstes Gedanken und Herzen der Menschen öffnen, eine Atmosphäre des Vertrauens und der Befreiung entstehen lassen. Sprache und Inhalt des Gottesdienstes müssen stimmig sein. Wenn es beim Thema des Gottesdienstes um Gerechtigkeit unter den Menschen geht, dann muß sich die Sprache auch gerecht äußern.

Seit Jahren bemühen sich Frauen und Männer in der Kirche um eine solche Gottesdienstsprache.

Die gut gelungenen und vor allem gemeindeerprobten liturgischen Stücke sind für dieses Buch gesammelt worden. Die Sammlung ist nach dem üblichen Gottesdienstprotokoll geordnet, folgt den traditionellen Strukturen. Die Sprache ist inklusiv, bemüht sich also, Menschen auf Grund ihres Geschlechts oder ihrer Rasse nicht auszuschließen.

Diese Materialsammlung für die Gestaltung von Gottesdiensten ist gedacht als ein Werkstattangebot. Einzelne Elemente eignen sich auch bruchstückhaft als Vorgabe für eigene Ideen und Ergänzungen. So ist sie ein Angebot für Männer und Frauen in der Kirche, die Gottesdienste und Andachten gestalten wollen, Gemeindegruppen leiten oder zur Andacht für den Kirchenvorstand ein Gebet suchen.

Noch mehr als das gesprochene Wort in der Liturgie beeinflußt uns die Musik in einem Gottesdienst. Die Kirchenmusik ist nicht nur Dienerin des Wortes, sie ist selbständige Verkünderin. Die musikalische Form der Verkündigung wirkt tiefer als das gesprochene Wort. Sie packt uns an der Wurzel, will unseren Atem, unseren Rhythmus, beteiligt uns ganz. So müssen Wortverkündigung und musikalische Verkündigung einander entsprechen und bedürfen einer sehr sorgfältigen Absprache und Vorbereitung zwischen Leiterinnen und Leitern des Gottesdienstes und Kirchenmusikerinnen und Kirchenmusikern.

Gewiß sind uns die alten liturgischen Gesänge vertraut. Von den Glaubenserfahrungen der damaligen Frauen singen nur wenige Lieder. Heute suchen Frauen nach eigenen Liedern. Sie finden neue musikalische Audrucksformen und achten auf eine frauengerechte Sprache. So sind viele neue liturgische Lieder im Kanon zu singen. Ein musikalisches Zeichen dafür, daß unterschiedliche Anfänge in gleichwertigen Wegen zu einem Melodiebogen zusammenklingen können. Die meisten neuen Lieder lassen sich mit einer Bewegung verbinden, dazu sind Anleitungen abgebildet.

Wir feiern den Gottesdienst, und eine Feier bedarf einer sorgfältigen Vorbereitung. So ist es wichtig, daß der Gottesdienstraum wie zu einem Fest gestaltet wird. Die Farben und die Anordnung der Blumen, die Kerzen, die Sitzordnung, kurz die Ästhetik des Raumes ist besonders uns Frauen wichtig geworden.

Der Gottesdienstraum empfängt die Menschen, die zur Feier kommen wollen. Die Ästhetik des Raumes hilft uns beim Ordnen der Gedanken und Gefühle, gibt der Feier einen Rahmen.

Was wir einander wünschen können, ist, daß Frauen und Männer aufeinander hören, miteinander beten und singen und gemeinsam von Gott erzählen können.

Diese Sammlung sei ein kleiner Schritt auf unserem Weg.

Heidi Rosenstock

Wir beginnen
Voten

»Im Namen des Vaters, des Sohnes und des Heiligen
Geistes«, so beginnen unsere Gottesdienste.
»Was bedeutet das eigentlich«, so fragen nicht nur Menschen,
die der Kirche fernstehen.
Manche Pfarrer und Pfarrerinnen und Gemeindeglieder,
die Gottesdienste feiern, sind dazu übergegangen, dieses
alte Votum mit erklärenden Bildern zu füllen.
Aus dieser Arbeit ist eine Fülle von Texten erwachsen,
die die grammatikalisch männlichen Ausdrücke des
Votums ergänzen.
Zudem ergibt sich in den variablen Voten die Möglichkeit,
schon zu Beginn des Gottesdienstes das Predigtthema
anzusprechen, um es dann im Verlaufe der Liturgie weiter-
zuentwickeln.

Voten zum Sonntagsgottesdienst

Wir feiern diesen Gottesdienst
wie alle unsere Gottesdienste
als Fest des Lebens –
im Namen Gottes,
Quelle unsres Lebens –
im Namen Jesu Christi,
Grund unsrer Hoffnung –
im Namen des Heiligen Geistes,
Kraft, die uns belebt und begeistert.

E.B.

Wir sind hier in der Kirche
in deinem Namen,
Gott, du Schutz allen Lebens,
Jesus, du Hoffnung aller Geopferten,
Heiliger Geist, du Überwindung des Todes.

W.P.

Schwestern und Brüder, steht auf.
Steht auf und erhebt eure Herzen.
Steht auf und erhebt eure Augen.
Steht auf und erhebt eure Stimmen.
Gott ist das Leben.
Gottes Geist ist lebendig
und hat uns zusammengerufen
zum Zeugnis,
zur Feier,
zum Aufbruch.
Wendet euch einander zu,
denn Gott wendet sich an uns.

W.P.

Wir feiern diesen Gottesdienst im Namen Gottes.
Gott ist unsere gemeinsame Quelle.
Jesus Christus hat dem Tod die Macht
über Menschen und Verhältnisse genommen.
In Gottes Geist können wir heute glaubwürdig leben.

Im Namen Gottes beginnen wir diesen Gottesdienst.
Gott ist weiter, als wir denken können.
Jesus Christus ist uns vorausgegangen
über von Menschen gesetzte Grenzen.
In Gottes Geist können wir überwinden,
was uns von anderen trennt.

Wir feiern diesen Gottesdienst im Namen Gottes.
Gott ist die Quelle unseres Lebens.
Gott befreit uns in Jesus Christus zu neuer Gemeinschaft
und ist bei uns in der Kraft,
die in Gottes Geist ihren Ursprung hat.

Wir haben uns versammelt, um uns zu freuen über unsere
Einheit in Jesus Christus. Jede und jeder von uns erfährt
Glauben und Leben auf eine besondere Weise.
Und doch vereinen uns alle Gott,
Glaube, Geist und Taufe. Laßt uns unsere
Herzen wie eines erheben in Lobliedern, im Gebet und im
Hören auf Gottes Wort. Und wenn wir diesen Ort verlassen,
laßt uns vereint sein in gemeinsamer Sorge für die
Menschheit, wie Jesus Christus sie gezeigt hat.

Wir feiern diesen Gottesdienst im Namen Gottes.
Gott gibt uns unser Leben, befreit uns zu neuen Wegen
und ist bei uns in der Liebe (Freude und Kraft),
die in Gottes Geist ihren Ursprung hat.

Im Namen Gottes feiern wir diesen Gottesdienst.
Gott ist die Fülle unseres Lebens.
Jesus Christus leuchtet uns auf dem Weg.
Gottes Geist begleitet und stärkt uns.

Wir feiern diesen Gottesdienst im Namen Gottes.
Gott gibt uns unser Leben.
Jesus Christus zeigt uns,
wie wir miteinander leben können.
Durch die Kraft Heiligen Geistes
öffnen sich uns immer wieder
neue Wege zu Gott und zueinander.

Wir feiern diesen Gottesdienst im Namen Gottes.
Gott ist die Quelle unseres Lebens.
Jesus Christus schenkt der ganzen Schöpfung neues Leben.
Die Kraft, die in Gottes Geist ihren Ursprung hat,
wird uns begleiten,
wenn wir Gottes Schöpfung schützen und bewahren.

Wir feiern diesen Gottesdienst im Namen Gottes.
Gott ist Liebe.
Jesus Christus hat gezeigt,
wie Liebe Menschen verändert.
Das Feuer Heiligen Geistes bewegt uns,
wenn wir einander lieben.

Wir feiern diesen Gottesdienst im Namen Gottes.
Gott hat uns gemeinsam mit aller Kreatur geschaffen.
Jesus Christus hat in unserer Welt Gottes Liebe gelebt.
Die Kraft, die in Gottes Geist ihren Ursprung hat,
läßt uns immer wieder neue Anfänge wagen.

Wir feiern diesen Gottesdienst im Namen Gottes.
Gott hat uns unser Leben geschenkt.
Jesus Christus zeigt uns, wie wir miteinander umgehen
können.
Gottes Geist stärkt uns, wenn unsere Kräfte schwinden.

Im Namen Gottes feiern wir diesen Gottesdienst.
Gott ist der Grund unseres Lebens.
Jesus Christus lädt alle Menschen in das Reich Gottes ein.
Gottes Geist stärkt Liebe und Gerechtigkeit unter uns.

Wir feiern diesen Gottesdienst im Namen Gottes.
Denn Gottes Hauch weckt uns zum Leben.
Jesu Mut ist heute noch ansteckend.
Gottes Geist läßt uns aufbrechen
aus den Sachzwängen in Gottes Zukunft.

Wir beginnen diesen Gottesdienst im Namen Gottes.
Gott ist die Kraft, die alles Leben gebiert.
Jesus Christus erinnert an die Liebe Gottes.
In Gottes Geist ist Umkehr möglich.

Wir feiern diesen Gottesdienst im Namen Gottes.
Gott nimmt uns so an, wie wir sind.
Jesus Christus gibt uns Orientierung
für unser Leben und Zusammenleben.
Gottes Geist verbindet uns mit Menschen,
die anders sind als wir.

Wir feiern diesen Gottesdienst im Namen Gottes.
Gott ist die Kraft, die Leben gebiert.
Jesus Christus hat unserem Leben eine Richtung gegeben.
Gottes Geist läßt uns immer wieder
über uns hinauswachsen.

Wir beginnen diesen Gottesdienst im Namen Gottes.
Denn so verschieden wir sind,
treffen wir uns heute morgen hier in der Kirche,
weil wir nach Gott fragen.
Wir erinnern uns gemeinsam an das Beispiel,
das Jesus Christus uns gegeben hat.
Und wir vertrauen darauf,
daß Gottes Geist unter uns spürbar ist,
heute und in alle Ewigkeit.

Wir beginnen diesen Gottesdienst im Namen Gottes.
Gott ist Licht, und in Gott ist keine Spur von Finsternis.
Jesus Christus hat von sich selbst gesagt:
Ich bin das Licht der Welt,
wer mir nachfolgt, wird nicht wandeln in der Finsternis,
sondern wird das Licht des Lebens haben.
In Gottes Geist versammeln wir uns
als christliche Gemeinde.

Wir beginnen diesen Gottesdienst im Namen Gottes.
Gott ist der Ursprung allen Lebens und stärker als jeder Tod.
Jesus hat von der Geburt in ärmlichen Verhältnissen
bis zum frühen Foltertod als Mensch gelebt.
Gottes Geist hilft uns, Leben zu bewahren,
und stärkt uns, wenn wir in Trauer Abschied nehmen müssen.

Wir beginnen diesen Gottesdienst im Namen Gottes.
Gott ist der Brunnen, aus dem wir Leben schöpfen.
Jesus Christus lädt uns ein,
die Früchte der Schöpfung miteinander zu teilen.
In Gottes Geist wächst unser Mut,
und wir können neu versuchen,
als Gottes Ebenbilder zu leben.

Wir beginnen unseren Gottesdienst im Namen Gottes.
Gott ist Quelle und Ziel allen Lebens.
Jesus Christus hat Menschen Hoffnung gemacht,
daß Fülle, Leben und gute Beziehungen möglich sind.
In Gottes Geist finden wir Mut, wenn es nötig ist,
gegen den Strom unserer Zeit zu schwimmen.

Wir beginnen diesen Gottesdienst im Namen Gottes,
im Namen der Hoffnung,
die angesichts der Finsternisse »trotzdem« sagt.
Wir beginnen diesen Gottesdienst im Namen Jesu Christi,
im Namen der Phantasie,
die anderen Menschen Wege zu Gott öffnet.
Wir beginnen diesen Gottesdienst im Namen der Kraft,
die in Gottes Geist ihren Ursprung hat
und uns über uns selbst hinauswachsen läßt
in Gottes neue Welt.

Wir beginnen diesen Gottesdienst im Namen Gottes.
Gott ist die Quelle des Lebens und unserer Kraft.
Jesus Christus hat uns Menschen dazu befreit,
heute schon so zu leben, wie Gott uns gemeint hat.
In Gottes Geist können wir die kleinen Zeichen lesen
als Spuren einer neuen Welt.

Wir feiern diesen Gottesdienst im Namen Gottes.
Denn in Gott kommt alle Arbeit zur Ruhe.
Jesus Christus erinnert uns,
daß der Schabbat
um der Menschen willen geschaffen wurde.
Gottes Geist hält die Hoffnung in uns wach:
Eines Tages wird die Schöpfung einen Schabbat
in Gerechtigkeit und Frieden erleben.

H.K.

Voten zu Festgottesdiensten des Kirchenjahres

Wir beginnen unseren (ökumenischen) Gottesdienst am
1. Advent im Namen Gottes.
Gott ist Quelle und Ziel allen Lebens.
Jesus Christus gibt unserer Hoffnung festen Boden.
In der Kraft, die in Gottes Geist ihren Ursprung hat,
können wir aufeinander zugehen
und das Gesicht dieser Welt verändern.

Glocken haben uns in diesen Gottesdienst gerufen.
Festliche Musik
hat uns auf diese besondere Nacht eingestimmt.
Jetzt wollen wir uns
von der Weihnachtsbotschaft beflügeln lassen.
Für diese Nacht wollen wir den Engeln glauben
und mit ihnen loben:
Ehre sei Gott in der Höhe und Friede auf Erden
bei den Menschen, die Gott liebt.
So feiern wir, wie die orthodoxe Kirche glaubt,
gemeinsam mit den Engeln
diesen Gottesdienst im Namen Gottes.
Gott ist die Quelle unseres Lebens.
Jesus wurde Mensch in dieser Welt.
In Gottes Geist können wir anderen zu Engeln werden,
und andere können uns beflügeln.

Wir beginnen diesen Weihnachtsgottesdienst
im Namen Gottes.
Gott ist Liebe.
Jesus Christus lehrt uns an Weihnachten
die Welt mit den Augen eines Kindes zu sehen.
Gottes Geist läßt längst abgestorbenes Leben neu sprossen.

Glocken haben uns in diesen Gottesdienst gerufen.
Festliche Musik
hat uns auf diese besondere Nacht eingestimmt.
Jetzt tragen wir unsere Weihnachtsträume zusammen.
Denn Gott spricht:
Ich will ausgießen von meinem Geist auf alle Menschen,
und eure Töchter und eure Söhne sollen weissagen,
und eure Alten sollen Träume haben.
So feiern wir diesen Gottesdienst im Namen Gottes.
Gott ist die Quelle unseres Lebens.
Jesus wurde Mensch in dieser Welt.
Gottes Geist hält den Traum wach von einer Welt,
in der Gerechtigkeit und Frieden blühen.

Wir beginnen diesen Weihnachtsgottesdienst
im Namen Gottes.
Gott ist Liebe.
Jesus Christus hat die Liebe Gottes in unserer Welt gelebt.
Funken dieser Liebe
können heute noch Menschen verändern.
Im Namen Gottes
feiern wir unseren Jahresschlußgottesdienst.
»Von guten Mächten wunderbar geborgen,
erwarten wir getrost, was kommen mag.
Gott ist mit uns am Abend und am Morgen
und ganz gewiß an jedem neuen Tag«
(D. Bonhoeffer).
Zu solchem Glauben wollen wir Mut schöpfen
miteinander heute abend in diesem Gottesdienst.

Wir feiern diesen Gottesdienst im Namen Gottes.
Gott bleibt gleich von Ewigkeit zu Ewigkeit,
im alten wie im neuen Jahr.
Darauf können wir uns verlassen.
Aber wir Menschen dürfen anders werden,
weil Jesus Christus uns befreit
und weil Gott uns stärkt
zum Aufbruch in eine neue Welt.

Im Namen Gottes beginnen wir diesen Gottesdienst
und das neue Jahr.
Gott ist vor allem Anfang und ohne Ende.
Jesus ist in diese Welt gekommen,
auf daß das Reich Gottes heute und hier anfängt.
Gottes Geist stärkt unseren Mut
und beflügelt unsere Phantasie,
daß wir in unserer Zeit
gerechte Verhältnisse stiften können.

Wir feiern diesen Weltgebetstagsgottesdienst
im Namen Gottes.
Gott hat uns als Frau und Mann geschaffen.
Jesus Christus ist uns den Weg
zu den Menschen am Rande vorausgegangen.
Gottes Geist verbindet uns heute mit den Frauen,
die überall auf der Erde beten und feiern.

Wir beginnen diesen Gottesdienst am Palmsonntag
im Namen Gottes.
Gott hat uns geschaffen
und mit uns unsere Sehnsucht nach Gerechtigkeit.
Jesus Christus hat auch angesichts von Leid und Tod
keine Kompromisse geschlossen.
Gottes Geist stärkt uns
durch alles hindurch, was uns zugemutet wird.

Wir sind zur Todesstunde Jesu versammelt
im Namen Gottes,
im Namen der Kraft,
die hält im Leben und im Tod.
Wir sind versammelt im Namen Jesu,
im Namen des Mutes,
der auch vor dem Tod nicht zurückschreckt.
Wir sind versammelt im Namen der Liebe,
die in Gottes Geist ihren Ursprung hat
und uns durch Abgründe trägt.

Wir feiern diesen Ostergottesdienst im Namen Gottes.
Gott ist die Quelle des Lebens.
Jesus Christus hat dem Tod die Macht genommen.
Die Kraft, die in Gottes Geist ihren Ursprung hat,
läßt heute Menschen aufstehen
aus den Sachzwängen dieser Welt für Gottes Zukunft.

Wir beginnen diesen Gottesdienst am Ostermorgen
und die ökumenische Dekade
»Solidarität der Kirchen mit den Frauen«
im Namen Gottes.
Gott ist der Ursprung allen Lebens
und hat Frauen und Männer sich zum Ebenbild geschaffen.
Jesus Christus ist wirklich auferstanden
und ist zuerst den Frauen am Grab erschienen,
hat sie zu Zeuginnen der Auferstehung gemacht.
In Gottes Geist versammeln sich überall auf der Welt
christliche Gemeinden, um im Licht von Ostern
gemeinsam auf das Reich Gottes zuzugehen.

Wir feiern heute an Pfingsten Gottesdienst
im Namen Gottes.
Denn Gottes Geist
schwebte nicht nur am Anfang über den Wassern,
sondern weckt uns heute noch zum Leben.
Jesu Mut wirkt immer noch ansteckend.
Gottes Atem stärkt unser Mühen
um Gerechtigkeit und Wahrheit.

Wir beginnen diesen Gottesdienst
und damit unser Sommerfest
im Namen Gottes.
Gott ist die Quelle allen Lebens.
An Jesus Christus versuchen wir uns gemeinsam
als Gemeinde zu orientieren.
Gottes Geist beflügelt uns
zur Ausdauer bei der Arbeit für Gerechtigkeit
und auch zum ausgelassenen Fest, heute schon hier
und einst mit allen vor und nach uns
im Reich Gottes.

Im Namen Gottes feiern wir diesen Gottesdienst
zu Beginn unseres Sommerfestes.
Gott ist die Kraft, die Leben gebiert.
Für Jesus Christus war jedes Kind,
jede Frau, jeder Mann wichtig.
Gottes Geist beflügelt uns mit Ausdauer und Phantasie,
wenn wir für eine menschliche Welt arbeiten.
Aber Gottes Geist gibt uns auch die Gelassenheit,
mitten in dieser unfertigen Welt einen Ruhetag zu halten
und miteinander ein fröhliches Fest zu feiern.

Im Namen Gottes beginnen wir diesen Gottesdienst
heute am Israelsonntag.
Gott ist die Quelle allen Lebens und
hat sich in besonderer Weise mit dem Volk Israel verbunden.
Jesus war zeit seines Lebens Jude
und lehrt uns den jüdischen Glauben zu achten.
In Gottes Geist hoffen wir, trotz allem Unrecht,
das durch die christliche Kirche
an der jüdischen Gemeinde geschah,
auf eine gemeinsame Zukunft in Gottes neuer Welt.
Denn bei Gott ist nichts unmöglich.

Im Namen Gottes beginnen wir diesen Bittgottesdienst
für den Frieden in der Welt am Buß- und Bettag.
Gott ist die Quelle des Lebens.
Jesus Christus hat denen, die Frieden stiften,
das Reich Gottes verheißen.
Im Vertrauen auf Gottes Geist unter uns
bitten wir um Frieden.

Wir beginnen diesen Friedensgottesdienst im Namen Gottes.
In Gottes Namen wagen wir Schritte des Friedens.
Wie Jesus möchten wir
in allen Menschen unsere Geschwister sehen.
Wir hoffen dabei auf die Kraft Gottes,
die uns hilft, Unbequemes auszusprechen
und miteinander Kirche zu bleiben.

Wir beginnen diesen Gottesdienst im Namen Gottes.
Denn wir glauben, daß Gott Quelle und Ziel allen Lebens ist.
Wir erinnern uns daran, daß Jesus gesagt hat:
Selig sind, die Leid tragen, denn sie sollen getröstet werden.
Wir hoffen, daß die Kraft,
die in Gottes Geist ihren Ursprung hat,
uns trägt im Leben und im Sterben.

H.K.

Mit Psalmen beten
Anbetung

Die Psalmen, die immer wieder durch ihre bildreiche, kraftvolle Sprache beeindrucken, verbinden uns mit dem Gottesdienst der jüdischen Gemeinde. Lange vor uns, auch lange bevor es eine christliche Kirche gab, haben Männer und Frauen ihren Glauben in Worte gefaßt, Gott um Hilfe angefleht, ihrem Dank für erfahrene Bewahrung und Rettung in Liedern Ausdruck verliehen.

In einigen Gemeinden werden heute im Eingangsteil des Gottesdienstes Psalmen im Wechsel gebetet. Dies ist für die anwesenden Frauen und Männer, Mädchen und Jungen eine Chance, durch lautes Mitbeten eine aktivere Rolle im Gottesdienstgeschehen zu übernehmen. Durch Umformulierung und Versauswahl läßt sich dabei kriegerische und frauendiskriminierende Sprache vermeiden.

Mit den Psalmen nehmen wir eine Glaubenstradition auf, die Jesus vertraut war. Unser Beten weist über das hinaus, was uns persönlich zu Beginn des Gottesdienstes beschäftigt. Üblicherweise folgt auf einen Psalm das »Ehr' sei dem Vater und dem Sohn und dem Heiligen Geist...«. An dieser Stelle ist auch eine andere gesungene Anbetung Gottes möglich, die aus Achtung vor der jüdischen Glaubenstradition auf eine trinitarische Formulierung verzichtet.

Aus der Tiefe

Dorle Schönhals-Schlaudt / Bernd Schlaudt (Rechte bei Autorin und Autor)

Der Himmel verkündet: Gott ist groß!
Gottes Schöpfungsmacht bezeugen die Gestirne.
     Ein Tag sagt es dem anderen,
       jede Nacht ruft es der nächsten zu.
Kein Wort wird gesprochen,
kein Laut ist zu hören,
und doch geht ihr Ruf weit über die Erde
bis hin zu ihren äußersten Grenzen.
     Gott, der Tag gehört dir und auch die Nacht,
       Sonne und Mond hast du an ihren Platz gestellt.
Du hast alle Gebiete der Erde abgegrenzt,
Sommer und Winter hast du gemacht.
     Gott, es macht Freude, dir zu danken,
       dich mit Liedern zu preisen,
frühmorgens schon deine Güte zu rühmen
und nachts noch deine Treue zu verkünden.
     Was du getan hast, Gott, macht uns froh,
       dein Eingreifen löst unseren Jubel aus.
So stimmen wir ein in den Lobgesang der Engel:
Ehre sei Gott in der Höhe.

Nach Psalm 19, 2 – 4; Psalm 74, 16f.; Psalm 92, 1 – 4   H.K.

Mein Gott, mein Gott, warum hast du mich verlassen?
    Ich schreie, aber meine Hilfe ist ferne.
Am Tage rufe ich, doch du antwortest nicht,
ebenso in der Nacht, doch finde ich keine Ruhe.
    Unsere Vorfahren hofften auf dich,
    und da sie hofften, halfst du ihnen heraus.
Zu dir schrien sie und wurden gerettet,
sie hofften auf dich und wurden nicht zuschanden.
    Ich aber bin ein Wurm und kein Mensch,
    ein Spott der Leute und verachtet vom Volk.
Alle, die mich sehen, verspotten mich,
sperren das Maul auf und schütteln den Kopf:
    »Klage es doch Gott!
    Gott helfe dir heraus und rette dich!
    Bist du nicht Gottes Liebling?«
Du, Gott, hast mich aus meiner Mutter Leib gezogen;
du ließest mich geborgen sein an der Brust meiner Mutter.
    Auf dich bin ich geworfen von Mutterleibe an;
    von meiner Mutter Schoß an bist du für mich Gott.
Sei nicht fern von mir, denn Angst ist nahe.
Niemand sonst hilft mir hier.
    Ich bin ausgeschüttet wie Wasser,
    alle meine Knochen haben sich voneinander gelöst;
    mein Herz ist in meinem Leib
    wie zerschmolzenes Wachs.
Meine Kräfte sind vertrocknet wie eine Scherbe,
und meine Zunge klebt mir am Gaumen;
Du legst mich in des Todes Staub.
    Denn Hunde haben mich umgeben,
    und der Bösen Rotte hat mich umringt;
    sie haben meine Hände und Füße durchgraben.
Sie teilen meine Kleider unter sich
und werfen das Los um mein Gewand.
    Aber du, Gott, sei nicht fern;
    meine Stärke, eile, mir zu helfen.
Ich will deinen Namen kundtun meinen Geschwistern;
ich will dich in der Gemeinde rühmen.

Denn du hast nicht verachtet noch verschmäht
das Elend der Armen
und dein Antlitz nicht vor ihnen verborgen;
und als sie zu dir schrien, hörtest du's.
Dich will ich preisen in der großen Gemeinde,
ich will mein Gelübde erfüllen vor denen, die dich fürchten.
Die Elenden sollen essen, daß sie satt werden;
und die nach dir fragen, werden dich preisen.
Lobsingt Gott, erhebt Gottes Namen!
Nach Psalm 22   *H.K.*

Auf dich, Gott, richte ich mein Herz und meinen Sinn.
Dir, Gott, vertraue ich, enttäusche mich nicht!
Erspare mir die Schadenfreude der anderen.
Wer auf dich hofft, wird nicht enttäuscht,
aber wer dich treulos verläßt, wird zuschanden.
Gott, zeige mir den Weg, den ich gehen soll.
Laß mich erkennen, was du von mir verlangst.
Lehre mich, deine Treue zu sehen
und in Treue zu dir mein Leben zu führen.
Denn du bist Gott, bei dir finde ich Hilfe.
Auf dich hoffe ich zu jeder Zeit.
Erinnere dich, Gott,
daß du schon immer voll Güte und Erbarmen warst.
Gott, denke nicht mehr an die Fehler meiner Jugend,
auch nicht mehr an die späteren Vergehen;
aber denke an mich in deiner Liebe.
Auf deine Güte verlasse ich mich.
Nach Psalm 25   *H.K.*

Gott ist uns Licht und Heil,
vor wem sollten wir uns fürchten?
Gott gibt uns Kraft und Mut,
wovor sollten wir Angst haben?
Wenn etwas auf uns zukommt,
drohend und gefährlich,
dann verlieren wir nicht den Mut.
Wenn wir meinen, wir schaffen es nicht,
dann denken wir daran,
daß Gott uns hilft.
Gott, sei du immer bei uns,
dann sind wir nicht allein.
Laß uns den Weg deiner Güte gehen,
denn wo Güte ist, da verschwindet die Angst,
und das Leben kehrt wieder, das wir suchen.
Nach Psalm 27   *W.P.*

Zu beglückwünschen sind Menschen,
wenn ihnen Sünde vergeben ist,
        wenn ihre Verfehlung zugedeckt ist,
wenn Gott sie für ihre Verkehrtheit
nicht verantwortlich macht,
        wenn ihr Gewissen nicht getrübt ist.
Solange ich alles verschwieg,
verging ich täglich vor innerer Qual.
        Tag und Nacht spürte ich,
        wie deine Hand, Gott,
        immer schwerer auf mir lastete.
Meine Zunge gehorchte mir nicht mehr
wie in der Hitze des Sommers,
wenn sie am Gaumen festklebt.
        Da gestand ich dir, Gott,
        alle meine Fehler ein.

Ich gab es auf,
mein verkehrtes Tun zu verbergen.
    Ich sagte mir:
    Gott will ich meine Sünde bekennen.
Und du nahmst mein verkehrtes Tun
und meine Fehler von mir.
Nach Psalm 32, 1 – 5   *Horst und Klaus Bannach*

Gott, dich will ich preisen alle Zeit,
dich will ich loben jeden Tag.
    Über dich darf sich alles freuen,
    was sich in mir regt.
Die Elenden sollen es hören,
damit auch sie wieder Freude erfahren.
    Miteinander wollen wir deine Taten preisen.
Gemeinsam wollen wir dich, Gott, zur Geltung bringen.
    Denn du bliebst nicht stumm,
    als ich dich suchte,
aus allen meinen Ängsten hast du mich befreit.
    Die auf dich sehen, werden strahlen vor Freude,
und ihr Vertrauen wird nicht enttäuscht.
    Dein Engel stellt sich schützend vor alle,
    die dich fürchten, und hilft ihnen heraus.
Glücklich ist, wer sich auf dich verläßt, Gott.
Lobsingt Gott, erhebt Gottes Namen.
Nach Psalm 34   *H.K.*

Gott, du hast Freude an redlichen Menschen
und lenkst alle ihre Schritte.
>   Sie mögen fallen,
>   aber sie stürzen nicht zu Boden;
>   denn du hältst sie fest an der Hand.
Ich bin jung gewesen und alt geworden,
und nie sah ich Gerechte verlassen
und ihre Kinder auf der Suche nach Brot.
>   Ich will mich vom Bösen abkehren
>   und das Gute tun;
>   dann werde ich ewig bleiben.
Denn du, Gott, liebst das Recht
und verläßt deine Gerechten nicht.
>   Für alle Zeit beschützt du sie.
>   Ihnen wird das Land gehören,
>   und sie werden für immer darin wohnen.
Sie tragen dein Gesetz im Herzen;
darum weichen sie nicht ab vom rechten Weg.

Nach Psalm 37, 23 – 31   *H.K.*

Gott ist meine Hoffnung.
Bewahrt sind meine Wege,
und errettet bin ich vom Tod.
Was können mir Menschen (noch) tun?
Gott ist meine Hoffnung,
und ich fürchte mich nicht!

Nach Psalm 56, 12-14   *V.S.W.*

Gott, du bist meine Zuflucht.
>   Bei dir bin ich sicher wie in einer Burg.
Auf dich, Gott, vertraue ich.
>   Du wirst mich retten
>   vor den Fallen, die mir gestellt werden,
>   aus Gefahr und Verderben,

Du breitest deine Flügel aus über mir.
Unter deinen Schwingen finde ich Zuflucht.
Schild und Schutz ist mir deine Treue.
Ich muß nicht erschrecken
vor dem Grauen der Nacht.
Denn du bist meine Zuflucht,
bei dir finde ich Schutz.

Nach Psalm 91   *H.K.*

Gott, du bist barmherzig und gnädig,
geduldig und von großer Güte.
Du wirst nicht für immer hadern
noch ewig zornig bleiben.
Du handelst nicht mit uns nach unseren Sünden
und vergiltst uns nicht nach unserer Missetat.
Denn so hoch der Himmel über der Erde ist,
läßt du deine Gnade walten
über denen, die dich fürchten.
So fern der Morgen vom Abend ist,
läßt du unsere Übertretungen von uns sein.
Wie sich Eltern über ihre Kinder erbarmen,
so erbarmst du dich über alle, die dich ehren.
Denn du weißt, was für Gebilde wir sind.
Du denkst daran, daß wir Staub sind.
Eines Menschen Tage sind wie Gras.
Der Mensch blüht wie die Blume auf dem Felde.
Wenn der Wind darüber geht, so ist sie nimmer da,
und ihre Stätte kennt sie nicht mehr.
Deine Gnade, Gott, aber währt
von Ewigkeit zu Ewigkeit.

Nach Psalm 103, 8 – 17   *H.K.*

Ich will dich rühmen, Gott.
Wie groß bist du;
Pracht und Glanz sind dein Kleid.
>   Licht hüllt dich ein wie ein Mantel.
>   Du spannst den Himmel aus wie ein Zelt.
Deine Wohnung hast du hoch über allen Himmeln gebaut.
>   Wolken sind deine Wagen;
>   auf den Flügeln des Windes fährst du dahin.
Du läßt die Winde vor dir her laufen wie Herolde
und loderndes Feuer dir dienen.
>   Zuverlässig ist die Erde, auf der wir stehen.
>   Du hast sie gegründet.
Gott, unendlich reich sind deine Werke.
In deiner Weisheit hast du sie alle geschaffen.
>   Die Erde ist voll von deinen Geschöpfen.
>   Sie alle warten auf dich.
Doch wenn du dich abwendest, sind sie zerstört.
Wenn du den Lebenshauch zurücknimmst,
vergehen sie und werden wieder Staub.
>   Schickst du aufs neue deinen Atem,
>   so entsteht wieder Leben.
Du gibst der Erde ein neues Gesicht.

Nach Psalm 104   *H.K.*

Gott, unendlich reich sind deine Werke.
In deiner Weisheit hast du sie alle geschaffen.
    Die Erde ist voll von deinen Geschöpfen.
    Da ist das weite, unermeßliche Meer.
Darin wimmelt es von Lebewesen,
von großen und kleinen Tieren.
    Schiffe ziehen dort ihre Bahn
    und die großen Fische –
du hast sie geschaffen, um damit zu spielen.
    Alle deine Geschöpfe warten auf dich,
    daß du ihnen Nahrung gibst zur rechten Zeit.
Gibst du ihnen, so sammeln sie ein.
    Öffnest du deine Hand,
    so werden sie satt an Gutem.
Lobsingt Gott, erhebt Gottes Namen.
Nach Psalm 104, 24 – 28   *H.K.*

Gott ist gnädig und gerecht.
Wenn Todesstricke mich umfangen,
erfahre ich Rettung.
Wenn Jammer und Not mich bedrücken,
erfahre ich Aufrichtung.
Gott ist barmherzig,
darum suche und rufe ich Gott mein Leben lang.
Nach Psalm 116,1 – 5   *V.S.W.*

Gott ist die Macht in meiner Verzweiflung.
 Gott ist das Lied auf meinen stummen Lippen.
Gott macht meine Seele heil.
 Deshalb werde icht nicht sterben,
 sondern leben
und davon erzählen, was Gott an mir tut.
Lobsingt Gott, erhebt Gottes Namen!
Nach Psalm 118, 14 – 17   *H.R.*

Tut mir auf die Tore der Gerechtigkeit,
daß ich durch sie einziehe und Gott danke.
 Dies ist das Tor Gottes,
 die Gerechten werden dort einziehen.
Ich danke dir, daß du mich erhört hast.
Du warst meine Rettung.
 Der Stein, den die Bauleute verworfen haben,
 ist zum Eckstein geworden.
Von dir ist das gewirkt,
es ist ein Wunder in unseren Augen.
 Dies ist der Tag, den Gott gemacht hat;
 laßt uns freuen und fröhlich an ihm sein.
O Gott, hilf doch!
O Gott, laß wohl gelingen!
 Gelobt sei, wer da kommt im Namen Gottes.
 Wir segnen euch vom Hause Gottes her.
Du bist Gott, du erleuchtest uns.
Wir wollen das Fest mit Maien schmücken,
den festlichen Reigen schließen bis dicht an den Altar.
 Du bist für mich Gott, und ich danke dir;
 Gott, ich will dich preisen.
Lobsingt Gott, erhebt Gottes Namen!
Nach Psalm 118, 19 – 28   *H.K.*

Ich hebe meine Augen auf zu den Bergen.
    Woher kommt mir Hilfe?
Meine Hilfe kommt von dir, Gott.
    Du hast Himmel und Erde gemacht.
Du wirst meinen Fuß nicht gleiten lassen.
    Du behütest mich und schläfst nicht.
Du, Gott Israels, wirst nicht müde
und schläfst nicht ein.
    Du behütest auch mich.
Du gibst mir Schatten und stehst mir zur Seite.
    Bei Tag wird mir die Sonne nicht schaden
noch der Mond bei Nacht.
    Du behütest mich vor allem Bösen.
Du behütest mein Leben.
    Du behütest meinen Ausgang und Eingang
von nun an bis in Ewigkeit.
Nach Psalm 121

Eine mögliche Antwort der Gemeinde ist der Kanon
»Ausgang und Eingang, Anfang und Ende,
liegen bei dir, Gott, füll du uns die Hände.«
(Nach Jochen Schwarz © by Burckhardthaus-Laetare Verlag,
Gelnhausen 1962)   *H.K.*

Gott ist meine Hilfe.
Zwischen Gottes Himmel und Erde
bin ich behütet.
Zwischen allen Tagen und Nächten
bin ich behütet.
Gott ist meine Hilfe
jetzt und immerfort.
Nach Psalm 121   *V.S.W.*

Aus der Tiefe rufe ich, Gott, zu dir.
  Gott, höre meine Stimme.
  Sei nicht taub für meinen Hilferuf.
Wenn du Vergehen anrechnen wolltest,
Gott, wer könnte dann vor dir bestehen?
  Aber du kannst auch vergeben,
  damit Menschen dich ehren
  und nach deinem Willen handeln.
Ich setze meine ganze Hoffnung auf dich, Gott,
und warte auf dein helfendes Wort.
  Ich sehne mich nach dir
  und warte auf dich, Gott,
mehr als ich mich in durchwachter Nacht
nach dem Morgengrauen sehne.
  Denn bei dir, Gott, ist Gnade,
  und du kannst uns befreien.

Nach Psalm 130   *H.K.*

Halleluja – Preist Gott!
  Gott, ich will dich preisen, solange ich lebe,
  und dir lobsingen, solange ich bin.
Verlaßt euch nicht auf die, die Macht und Einfluß haben,
auf Menschen, bei denen doch keine Hilfe ist.
  Sie müssen sterben und wieder zu Erde werden,
  und mit ihnen vergehen auch ihre Pläne.
Wie glücklich aber ist, wessen Halt du bist, Gott,
wer auf dich die Hoffnung setzt.
  Du hast Himmel und Erde gemacht,
  das Meer und alle Geschöpfe.
  Deine Treue ist unwandelbar.
Du schaffst Recht denen, die Gewalt leiden.
Den Hungernden gibst du Brot.
  Du befreist die Gefangenen.
  Blinden Menschen öffnest du die Augen.
Du richtest die Verzweifelten auf
und liebst die Gerechten.

Du beschützt die Gäste und Fremden im Land
und sorgst für die Witwen und Waisen.
Aber die, die Böses im Schild führen,
läßt du in die Irre gehen.
Preist Gott – Halleluja!
Nach Psalm 146   *H.K.*

Komm, o Gott,
du Geist des Lebens,
        wohne in
        und unter uns.

Komm, o Gott,
du Geist des Lebens,
        befreie uns zur Liebe,
        mach unsere engen Herzen weit.

Komm, o Gott,
du Geist des Lebens,
        nähre unseren Hoffnungsbaum,
        schenk ihm gute Früchte.

Komm, o Gott,
du Geist des Lebens,
        Gesicht der Barmherzigkeit,
        Geruch der Heiligkeit,
        Geschmack der Unendlichkeit,
        Geräusch der Zärtlichkeit,
        Gespür für die Ewigkeit.
Wir warten auf dich!   *U.W.R.*

Ich will dich rühmen, Gott.
Wie groß bist du;
Pracht und Glanz sind dein Kleid.
Licht hüllt dich ein wie ein Mantel.
Du breitest den Himmel aus wie einen Teppich.
Deine Wohnung hast du hoch über allen Himmeln gebaut.

Wolken sind deine Wagen;
auf den Flügeln des Windes fährst du dahin.
Du läßt die Winde vor dir her laufen wie Herolde
und loderndes Feuer dir dienen.
Zuverlässig ist die Erde, auf der wir stehen.
Du hast sie gegründet, daß sie bleibt immer und ewiglich.

Alles kommt von dir: Erde, Sonne, Regen;
daß wir davon leben, dafür danken wir.

Die Urflut hatte das Land bedeckt,
über den höchsten Bergen standen die Wasser.
Doch vor deiner Stimme flohen sie,
und vor deinem Donner fuhren sie dahin.
Die Berge stiegen hoch empor,
und die Täler senkten sich herunter
zum Ort, den du ihnen gegründet hast.
Du hast dem Wasser Grenzen gesetzt.
Nie wieder darf es die Erde überfluten.

Alles kommt von dir: Erde, Sonne, Regen;
daß wir davon leben, dafür danken wir.

Du läßt Quellen entspringen und zu Bächen werden.
Zwischen den Bergen suchen sie ihren Weg.
Alle Tiere des Feldes trinken dort,
und das Wild löscht seinen Durst.
Darüber sitzen die Vögel des Himmels
und singen unter den Zweigen.

Vom Himmel schickst du den Regen herab auf die Berge.
So sorgst du dafür, daß die Erde sich satt trinkt.
Du läßt Gras wachsen für die Tiere
und Gewächse für den Bedarf der Menschen;
daß du Brot aus der Erde hervorbringst,
daß der Wein erfreue der Menschen Herz
und ihr Antlitz schön werde vom Öl
und das Brot der Menschen Herz stärke.

Alles kommt von dir: Erde, Sonne, Regen;
daß wir davon leben, dafür danken wir.

Du hast den Mond gemacht, das Jahr danach zu teilen.
Die Sonne weiß ihren Niedergang.
Du machst Finsternis, daß es Nacht wird;
da regen sich alle wilden Tiere.
Wenn aber die Sonne aufgeht, heben sie sich davon
und legen sich in ihre Höhlen.
So gehen dann die Menschen an ihre Arbeit
und an ihr Werk bis an den Abend.

Gott, unendlich reich sind deine Werke.
In deiner Weisheit hast du sie alle geschaffen.
Die Erde ist voll von deinen Geschöpfen.
Sie alle warten auf dich,
daß du ihnen Speise gibst zur rechten Zeit.
Wenn du ihnen gibst, so sammeln sie;
wenn du deine Hand auftust,
so werden sie gesättigt mit Gutem.

Nach Psalm 104   *H.K.*

Alles kommt von dir

Alles kommt von dir: Erde, Sonne, Regen; daß wir davon leben, dafür dan - ken wir.

Kanon: Bernd Schlaudt und Gruppe Liturgie 1985 (Rechte beim Autor)

Im Anfang der Welt
schwebtest du über den Wassern der Urflut,
du spieltest auf dem Erdenrund allezeit
und hattest deine Lust an den Menschenkindern.

Bei Jesu Taufe fuhrst du vom Himmel herab
wie eine Taube über den Wassern des Jordans:
Dies ist mein lieber Sohn, ihn habe ich auserwählt.

Pfingsten erfülltest du das Haus mit Brausen.
Wir hören dich, aber wissen nicht,
woher du kommst und wohin du fährst,
denn du wehst, wo du willst.

Geist Gottes, hilf unserer Schwachheit auf,
Göttliche Weisheit, lenke des Lebens Lauf,
Sophia, wohne wieder bei uns Menschenkindern.

Warmer Frühlingshauch, laß den eisigen Winter vergehn,
linde Lüfte, laßt Blütenstaub wehn,
unsere Hoffnungsblüten zu befruchten.

Komm als Sturmwind, der morsche Äste abbricht,
komm auch als sanfte Brise, die Kühlung verspricht
am Ende eines harten Arbeitstages.

Mächtiger Atem in den Gezeiten der Meere,
ewiger Rhythmus im Gesang der Sterne,
göttliche Kraft, die immer wieder neues Leben schafft.

Hört auf die leise Stimme der Wahrheit,
verwirklicht jeden Tag ihre Gerechtigkeit,
sucht Schutz unter dem Schatten ihrer Flügel.   *U.J.*

Freuen dürfen wir uns,
    denn du, Gott, vergibst uns,
    was wir falsch gemacht haben.
Freuen dürfen wir uns,
    denn du, Gott, verzeihst uns,
    was wir ehrlich zugeben.
Darum singen wir gemeinsam:

»Du, Gott, stützt mich, du, Gott, stärkst mich,
du Gott machst mir Mut.«

Freuen dürfen wir uns,
    denn bei dir finden wir Schutz.
    Du behütest uns vor der Angst.
Freuen dürfen wir uns,
    denn du läßt uns nicht aus den Augen
    und zeigst uns den richtigen Weg.
Darum singen wir gemeinsam:

»Du, Gott, stützt mich, du, Gott, stärkst mich,
du, Gott, machst mir Mut.«
Nach Psalm 32   *H.K.*

Du Gott stützt mich

Kanon: Dorle Schönhals-Schlaudt
(Rechte bei der Autorin)

Gott, es macht Freude, dir zu danken
und dich mit Liedern zu preisen,
    frühmorgens schon deine Güte zu rühmen
    und nachts noch deine Treue zu verkünden.
Was du getan hast, Gott, macht mich froh.
Dein Eingreifen löst meinen Jubel aus.
    Wie gewaltig sind deine Taten,
    wie unergründlich deine Gedanken!
Wer keine Einsicht hat, erkennt sie nicht.
Wer sich nichts sagen läßt,
wird nichts davon verstehen.
    Wer Gott die Treue hält,
    wächst auf wie die immergrüne Palme
    und wird groß wie die starken Libanonzedern.
Noch im hohen Alter tragen sie Frucht
und bleiben voll Saft und Kraft.
    Ihr Leben bezeugt: Gott tut das Rechte,
    auf Gott ist Verlaß.
Lobsingt Gott, erhebt Gottes Namen.

Nach Psalm 92   *H.K.*

Gott, deine Taten

Kanon: *Bernd Schlaudt u. Gruppe Liturgie 1985 (Rechte beim Autor)*

Gott, halte mein Herz

Text: Heidi Rosenstock, 1989 / Musik: Bernd Schlaudt, 1989
(Rechte bei Autorin und Autor)

Unter Gottes Regenbogen

Un - ter Got - tes Re - gen - bo - gen
Schutz und Schirm zu jeder Zeit. Für das
Leben auf der Erde, alle Freude und Beschwerde: Gottes
Hilfe und Gottes guten Geist.

Kanon: Bernd Schlaudt (Rechte beim Autor)

Wär ich ein Feigenbaum

Wär ich ein Feigenbaum, die Füße in der Erde
ich stünde da, ich stünde da, wo meine Quelle wäre.
Himmel und Erde teilen die Kraft, wo Gottes
Geist das neue Leben, das neue Leben schafft.

2. Wär ich ein Mensch,
   die Füße auf der Erde,
   ich ginge da,
   wo eine Quelle wäre.

3. Wär ich so frei
   und könnt auf Wolken fliegen,
   ich suchte da,
   wo Gottes Quellen liegen.

Text: Heidi Rosenstock / Musik: Bernd Schlaudt (Rechte bei Autorin und Autor)

Um Vergebung bitten
Kyrie

Um Vergebung bitten und aus aller menschlichen Not retten, das ist ein Anliegen aller Gebete und zugleich ein Bekenntnis zu Christus als dem Helfer.

Zugleich ist dieses Gebet eine Absage an die Verehrung weltlicher Herren, die oft die Verursacher menschlicher Not sind.

Dieser uralte Gebetsruf ist viel älter als unsere christliche Kirche und in vielen Religionen nachzuweisen, bis zurück zu den Sonnenkulten. Die aufgehende Sonne wurde von den frühen Menschen oft mit einem Gebetsruf begrüßt. Das Böse des vergangenen Tages, die Unsicherheit und Bedrohung der Nacht sollen beendet sein, der neue Tag soll Gutes bringen.

Später haben diese Gebetsrufe in den christlichen Kirchen mancherlei Formen angenommen. Das Uranliegen ist nach wie vor die persönliche menschliche Not und die Erkenntnis der eigenen Schwachheit.

Von daher ist dieses Gebet das menschlichste Bekenntnis innerhalb der Liturgie. Meine Unvollkommenheit, meine Schwachheit, meine Ohnmacht, meine Verstrickung will ich beklagen. Doch sie allein sind noch nicht Sünde. Sünde werden sie, wenn ich ihnen zustimme, wenn ich resigniere. So ist es theologisch sinnvoll, nicht viele »Sünden« aufzuzählen, sondern gegen die eigene Resignation anzugehen.

Dieses Gebet ist an Christus, den Menschgewordenen, gerichtet. Die Gemeinde bittet Christus um Beistand. Das soll deutlich werden. Das dreifache gesungene »Herr, erbarme dich« wird von den Gemeinden oft mißverstanden als der Ruf nach dem dreieinigen Gott. Ein anderes gemeinsam gesungenes Kyrie kann verdeutlichen, daß jedesmal

Christus gemeint ist. Einige neue Kyrierufe singen schon
von der Hoffnung auf Umkehr, Zeichen dafür, daß Kyrie und
Gloria in einem Zusammenhang zu sehen sind.

Abgeschrieben
von denen,
die ich liebe,
verlassen, allein geblieben
bete ich zu dir, Christus,
erbarme dich.

Festgefahren,
steckengeblieben,
gefangen in den eigenen Stricken
bete ich zu dir, Christus,
erbarme dich.

Dem Leben abgestorben,
im Kampf mit dem Schmerz,
den Hunger nach Leben im Herzen,
fassungslos,
ohnmächtig
bete ich zu dir, Christus,
erbarme dich.

H.R.

Von oben getreten,
von links und rechts gestoßen,
zurückgejagt ins Dunkel,
mit blauen Flecken an Leib und Seele
suche ich
das Stückchen Raum,
in das Licht fällt.

Hin- und hergerüttelt
von der Macht
und Herrschaft
der Fassaden,
den aufgetürmten Steinen,
suche ich den Ort im Inneren des Mißtrauens,
der das Geheimnis der Verwandlung geschehen läßt.

Von anderen vom Platz gestellt,
liebevoll zurechtgewiesen,
aufgefordert zum Bleiben,
unermüdlich bestätigt,
wie gut ich das kann,
fragt mich keiner
und keine,
wo ich denn stehen will.
Christus, erbarme dich.

H.R.

Zur Ruhe gesetzt
inmitten
des Jammers von Krankheit und Tod,
möchte ich doch
aufstehn und hingehn,
ansehn, was ich nicht sehen kann,
die Füße auf der Erde.

Hinter Jalousien verborgen
wegen
des Lärms von Kindern und Autos,
möcht ich doch
aufstehn und hingehn,
hören, was ich nicht hören kann,
die Füße auf der Erde.

Die Türen verschlossen
wegen
der Fremden von Osten und Süden,
möchte ich doch
aufstehn und hingehn,
riechen, was ich nicht riechen kann,
die Füße auf der Erde.

Zur Ruhe gesetzt
inmitten des Themas Mann – Frau – Leben
möchte ich doch
aufstehn und hingehn,
sagen, was ich nicht sagen kann,
die Füße auf der Erde.
Christus, erbarme dich.   *H.R.*

Gehen lernen möchte ich,
Christus,
hineingehn ins Dunkel mit Furcht.
Von dort
will ich mich aufmachen
und hinausgehn mit Angst
dorthin, wo es hell wird.
Das ist flüchten, sagen die einen.
Du sagst:
Das ist gehen lernen.
Christus, erbarme dich.   *H.R.*

Nach deinem Willen, Gott,
dürfen wir gemeinsam in deiner Schöpfung leben.
Doch wir zerstören, was du kunstvoll geformt hast.
Wir nehmen nicht wahr, was um uns herum geschieht.
Wir sehen nicht, hören nicht
und lassen dein Schöpfungslied nicht in uns klingen.
Wir achten nicht,
was du uns anvertraust.
Dein Wort findet uns nicht,
unsere Gedanken erinnern sich nicht
an dich.
Darum rufen wir: Christus, erbarme dich.

H.R.

Gott –
mitten hinein
in die Schatten
unserer Angst
rufst du
uns zu:
»Fürchtet euch nicht!«

Und
versprichst uns
Zuversicht
inmitten von Verzweiflung,
Aufbruch
inmitten von Resignation,
Mut
inmitten von Bedrängnis.

»Fürchtet euch nicht!«
rufst du, Gott,
uns zu,
damit auch wir
dafür beten, eintreten
und es laut weitersagen:

Die Angst
hat nicht
das letzte Wort.
Befreites Leben
ist möglich.
»Fürchtet euch nicht!«   *V.S.W.*

Gott,
tausendfach
suchen wir Wege
dorthin,
wo das Leben
besser
sein soll.

Tausendfach
sind wir
allein,
schutzlos,
resigniert,
erschöpft.

Doch du, Gott,
bist bei uns,
wohin uns auch
die Sehnsucht
nach besserem Leben
führt.

Wir erfahren
Stärkung,
Ermutigung,
Schutz,
Gemeinschaft –
tausendfach.

Wir finden Wege
dorthin,
wo das Leben
besser
ist –
tausendfach.   *V.S.W.*

Immer noch
beherrschen wir
andere
auf Grund von
Geschlecht, Hautfarbe
und Herkunft.

Immer wieder
beherrscht uns
Angst
vor anderen Menschen,
Kulturen und Fähigkeiten.

Immer weiter
schreiben wir,
Herrscher und
Beherrschte,
die Geschichte von Haß und Gewalt
fort.

Darum bitten wir:
Christus, erbarme dich.

V.S.W.

Wenn
kein Blick,
kein Lachen,
keine Atmung mehr erzählen
von unserer Hoffnung auf Leben;

wenn
kein Bild,
kein Wort,
keine Erinnerung mehr erzählen
von unserem Erfülltsein
mit Leben;
wenn
unsere Augen,
unsere Münder,
unsere Herzen
lebendig tot sind,

dann bitten wir:
Christus, erbarme dich!

V.S.W.

Zu Tausenden,
Gott,
flüchten sie
über
deine Erde –

hungrig,
durstig,
nackt.

Wir aber
versperren
unsere Türen
und Herzen.

Zu Tausenden,
Gott,
flüchten auch wir
über
deine Erde –

ohne Vertrauen,
ohne Hoffnung,
ohne Ziel.

Du aber
öffnest
das Dunkel,
und siehe da:
Wege zum Leben.

Deshalb bitten wir:
Christus, erbarme dich!

V.S.W.

Heute mahnen uns die Kerzen
auf dem Altar.

Sie brennen für die Länder dieser Erde,
in denen noch immer Krieg ist.
Sie brennen für die Soldaten,
die in unseren Kriegen
ihr Leben lassen mußten.
Sie brennen für die Menschen,
die durch Bomben und Terror
umgekommen sind.
Sie brennen gegen alle Brutalität
und Sinnlosigkeit der Kriege.
Sie brennen und verzehren sich
für die Millionen Frauen, Kinder und Männer,
die in den Konzentrationslagern
ermordet worden sind.
Sie brennen für die,
die auf der Flucht ihr Leben lassen mußten.
Sie verbrennen sich für den Frieden
im Nahen Osten,
in Irland,
in Südafrika,
in Lateinamerika.
Sie verbrennen sich gegen alle Kriege dieser Erde.

Unsere Altarkerzen brennen heute für alle Menschen auf
der Welt,
die durch Menschen gefoltert und getötet werden.
Sie mahnen und erinnern uns
an unsere eigene Friedlosigkeit.
So bitten wir:
Christus, erbarme dich!

H.R.

Wir beten zu dir, Christus,
daß du uns zu neuen Menschen machst.
Denn wir wissen wohl:
Es liegt an uns, nicht an dir,
daß kein Friede auf deiner Erde ist.
Wir hören deine Gebote,
aber es fällt uns schwer, unser Leben zu ändern.
Dazu brauchen wir deine Hilfe.
Deswegen bitten wir, Gott, erbarme dich.

Christus, die Psalmen sprechen von Gottes Güte,
die uns erquickt wie frisches Wasser.
Im Alltag spüren wir wenig davon.
Wenn du uns rufst, lassen wir uns ungern stören.
Anderes ist uns wichtiger als die Gemeinschaft mit dir
und die Gemeinschaft mit den Menschen,
denen du in besonderer Weise nahe bist.
Gott, du Quelle allen Lebens, erbarme dich.

Christus, du hast uns alle geschaffen.
Nach deinem Willen sollen wir gemeinschaftlich
als Teil deiner Schöpfung leben.
Wir müssen eingestehen,
daß wir durch unser Tun und unsere Unterlassungen
zerstören,
was du kunstvoll geformt hast.
Wir wünschen uns so sehr,
daß wir als Menschen heilsam zusammen leben.
Dazu brauchen wir deine Hilfe.
Deswegen bitten wir dich, Gott, erbarme dich.

Wir reden davon,
daß wir uns gern nach deinem Willen richten,
und gleichzeitig mögen wir nicht,
wenn uns jemand Vorschriften macht.
Wir suchen nach Orientierung,
wir suchen etwas, woran wir uns halten können,
und gleichzeitig fällt es uns schwer,
mit deinen Geboten zu leben.
Deswegen bitten wir dich,
komm uns noch einen Schritt entgegen,
Gott, erbarme dich.

Christus, du traust uns zu, das Licht der Welt zu sein.
Du traust uns mehr zu als wir uns selbst.
Wir denken an vieles, was wir falsch machen.
Das verstellt uns oft den Blick für die Begabungen,
die uns geschenkt sind.
Gemeinsam rufen wir zu dir, Christus, erbarme dich.

Christus, wir kommen am Sonntag zu dir
mit unseren Alltagssorgen.
Wenn wir vergleichen, was du uns zutraust
und was wir täglich daraus machen,
dann mögen wir uns kaum im Spiegel ansehen.
Du hast uns Gottes Reich vor Augen gestellt,
jetzt kommt uns die Welt, in der wir zu Hause sind, eng vor.
Aber wie sollen wir das zusammenbringen,
Gottes Reich der Gerechtigkeit und des Friedens
und die Welt, in der wir täglich leben?
Was wir tun können, erscheint uns wenig.
Das Wenige können andere wahrscheinlich besser als wir.
Mit immer den gleichen Leuten drehen wir uns im Kreis.
Wir brauchen dich mitten unter uns,
so wie du damals beim Abendmahl
mitten in der Gemeinde warst und den Weg gewiesen hast.
Deswegen bitten wir dich, Christus, erbarme dich.

Christus, du bist das Licht der Welt.
Wir sind berufen, weiterzugeben
die Wärme und die Helligkeit,
die von dir ausgeht.
Aber gemessen an dieser Aufgabe
erscheinen unsere Arme zu kurz,
unsere Füße zu schwerfällig,
unsere Worte zu gedankenlos
und unsere Gedanken zu festgefahren.
Weil wir uns ändern wollen, rufen wir:
Christus, erbarme dich.

Manchmal freue ich mich über jede Kleinigkeit.
Manchmal fehlt mir der Blick dafür,
weil ich in meinen Sorgen feststecke.
Manchmal freue ich mich über einen Sonnenaufgang.
Manchmal fürchte ich mich vor jedem neuen Tag.
Manchmal sehe ich nur Leiden und Tod.
Manchmal glaube ich an Gott.
Hilf meinem Unglauben!
Christus, erbarme dich.

Christus, du hast uns gelehrt zu beten:
»Vergib uns unsere Schuld,
wie auch wir vergeben unseren Schuldigern.«
Wie lernen wir zu vergeben,
konkret, hier, in diesem Leben?
Damit sich nicht Schuld auf Schuld türmt
und wir wieder neu miteinander beginnen können,
Christus, erbarme dich.

H.K.

Schuld

Ich will frei sein
und halte doch andere fest.

Ich will Verantwortung selbst tragen
und nehme sie doch anderen ab.

Ich will mir meinen Weg nicht vorschreiben lassen,
ihn selbst suchen und finden,
und doch schreibe ich ihn anderen vor.

Ich will keine Belehrungen,
und doch belehre ich.

Ich will keine Vorwürfe,
und doch werfe ich vor.

Ich will nicht übersehen werden,
und doch übersehe ich andere.

Ich will nicht eingeengt werden,
und doch enge ich andere ein.

Ich ärgere mich über Intoleranz,
und doch toleriere ich andere nicht.

Ich hab es begriffen.

Gott hilf mir
neu zu werden
neu zu sein.

Dagmar Bröker

Christus, wie oft rufst du uns
und wir haben verstopfte Ohren.
Wie oft lädst du uns ein,
und uns sind andere Dinge wichtiger.
Wir sehnen uns danach,
das Wesentliche in unserem Leben zu erkennen.
Dann kann das Unwesentliche in den Hintergrund treten.
Dazu brauchen wir deine Hilfe.
Christus, erbarme dich.

Gott gibt den Menschen alles Nötige,
sogar mehr als den Vögeln unter dem Himmel.
Gott hat uns die Erde gegeben, die uns alles schenkt,
was wir brauchen, um bequem leben zu können.
Aber wir Menschen nehmen uns die Erde gegenseitig weg,
so daß die einen viel, die anderen wenig haben.
So zerstören wir die Erde und unser Leben.
Dabei suchen wir doch
nach dem Reich der Geschwisterlichkeit
und der Gerechtigkeit,
in dem wir all das, was Gott uns gibt,
gemeinsam nutzen können.
Damit dieses Reich Wirklichkeit wird,
brauchen wir deine Hilfe, Christus.
Deswegen bitten wir dich, Christus, erbarme dich.

Weil wir unlösbar verstrickt sind in ungerechte Strukturen
und schuldig werden an anderen Menschen und damit an Gott;
weil in unserer Welt Gewalt herrscht
und uns das Frieden-Stiften schwerfällt;
weil wir hoffen,
daß Menschen und Welt gerettet werden können
durch unser Mühen und mit Gottes Hilfe,
darum bitten wir: Christus, erbarme dich.

Christus, immer wieder verschließe ich meine Ohren,
höre weg, weil es bequemer ist.
Immer wieder verschließe ich meine Augen,
sehe weg, weil ich den Anblick der Not nicht aushalte.
Immer wieder halte ich meinen Mund, halte still,
weil ich keine Schwierigkeiten bekommen möchte.
Doch nun, vor dir,
mache ich meine Ohren, meine Augen und meinen Mund
weit auf,
weil ich mich ändern lassen will von dir.
Christus, erbarme dich.

Weil wir wissen, daß unsere Welt nicht in Ordnung ist,
und weil es uns schwerfällt, diese Welt in Ordnung zu bringen,
bitten wir: Christus, erbarme dich.
Wer sollte uns verstehen, wenn nicht du?
Du kennst Leid, Folter, Schmerz und Tod
nicht erst seit dem Kreuz.
Es tut gut, dir klagen zu dürfen,
was uns schmerzt und quält.
Aber wir trauen dir oft nicht zu,
daß du unser Schreien hörst und unser Halt bleibst.
Darum bitten wir: Christus, erbarme dich.

H.K.

Christus, du lädst uns ein,
allezeit zu beten
und nicht müde zu werden.
Ich muß dir sagen: Das fällt mir schwer.
Ich bin oft zu müde zum Beten.
Und oft schon wollte ich es aufgeben,
weil es mir vorkommt wie Selbstbetrug.
Mir fehlt der Glaube, daß du mich wirklich hörst.
Ich sehe so wenig Veränderung in der Welt
nach 2000 Jahren Gebet.

Christus, ich habe es versucht mit dem Beten.
Und ich habe gemerkt,
daß mein Gebet mich selbst verändert.
Wenn ich vor dir an die Menschen denke,
die mir Not machen und mit denen ich es schwer habe,
finde ich eine neue Einstellung zu ihnen.
Vor dir erkenne ich auch in ihnen deine geliebten Kinder.
Wenn ich dir die Nöte meiner Schwestern und Brüder in
der Welt klage,
wird mir bewußt,
daß du mich gebrauchen willst,
um ihr Schicksal zu verbessern.

Christus, du hast versprochen,
deinen Armen, die Tag und Nacht zu dir rufen,
ihr Recht zu verschaffen, und das schon bald.
Darum bringen wir stellvertretend vor dich,
was sie und uns belastet.
Christus, erbarme dich.

Chr.Kr.

Christus, wie macht man das: Schuld bekennen?
Die ganze Woche über habe ich versucht,
mich zu rechtfertigen,
gut dazustehen vor mir selbst und vor anderen.
Schuld habe ich höchstens bei anderen entdeckt.
Aber du, mein Gott, weißt,
wie oft ich mir selbst in die Tasche lüge.
Du kennst mich besser, als ich mich selber kenne.
Darum brauche ich dir's eigentlich nicht zu sagen,
und doch will ich es bekennen
auch vor meinen Mitmenschen:
daß ich oft eine Rolle spiele, eine Maske trage,
daß ich oft nicht wage, meine wahren Gefühle zu zeigen,
weil ich Angst habe, mißverstanden oder verletzt zu werden,
daß ich oft zu feige bin, die Wahrheit zu sagen,
weil ich Auseinandersetzungen scheue
und es mit meiner Umwelt nicht verderben will,
daß ich oft zu bequem bin, mich auf Menschen einzulassen,
die mich brauchen, und lieber »ich habe keine Zeit« sage.

Vielleicht könnte das alles anders sein, wenn ich dich,
Christus,
nicht immer wieder am Sonntag in der Kirche
zurückließe.
Vergib mir,
daß du in meinem Alltag nur eine Nebenrolle spielst
und daß ich so selten wage, ganz ich selbst zu sein,
wie du mich gemeint hast.
Mach mich frei von meiner Vergangenheit,
nimm alles weg von mir, was falsch war,
und schenke mir und allen,
die wir heute gemeinsam an deinen Tisch treten,
die Chance und die Gnade eines neuen Anfangs.
Gott, erbarme dich!

                                                                    Chr. Kr.

Maria ahnt, daß ihr Kind alles verändern wird.
Sie ist guter Hoffnung!
Wir trauen uns kaum zu singen wie Maria
von Gottes Umsturz, von Gottes Erbarmen.
Zu sicher sind wir,
daß die Welt so bleibt, wie sie ist,
geordnet in oben und unten.
Daß wir Gottes Verheißung mehr glauben
als den gnadenlosen Machstrukturen,
daß Christus in uns geboren wird
und wir guter Hoffnung werden,
darum bitten wir:
Christus, erbarm dich.

H.K.

Gebet einer Konfirmandin

Gott, deine Schöpfung ist bedroht.
Verzeih uns nicht,
daß wir es soweit haben kommen lassen,
und verleih uns keinen Mut und keine Kraft,
um dagegen anzugehen,
denn wir werden nicht eher aufhören zu zerstören,
bis es nichts mehr zu zerstören gibt.
Doch dann werden wir zu dir kommen,
beten und betteln.
Ich bitte dich, höre uns nicht mehr an
und schöpfe nicht von neuem,
denn wir haben die Gefahr vorher erkannt
und sie erfolgreich verdrängt.
Doch nicht aus Angst vor einem Unglück,
sondern aus Angst vor weniger Macht.

M.W.

Ein umgekehrtes Schuldbekenntnis

Gibt es nicht manchmal andere Sünden zu bekennen als die,
welche wir den Menschen aufgeschwatzt haben?
Christus, ich bekenne vor dir,
daß ich keinen Glauben
an meine eigenen Möglichkeiten gehabt habe.
Daß ich in Gedanken, Worten und Taten
Verachtung für mich und für mein Können gezeigt habe.
Ich habe mich selbst nicht gleichviel geliebt
wie die andern, nicht meinen Körper,
nicht mein Aussehen,
nicht meine Talente, nicht meine eigene Art zu sein.
Ich habe andere mein Leben steuern lassen.
Ich habe mich verachten und mißhandeln lassen.
Ich habe mehr auf das Urteil anderer vertraut
als auf mein eigenes
und habe zugelassen, daß Menschen
gleichgültig und bösartig mir gegenüber gewesen sind,
ohne ihnen Einhalt zu gebieten.
Ich bekenne,
daß ich mich nicht im Maße meiner vollen Fähigkeiten
entwickelt habe,
daß ich zu feige gewesen bin,
um in einer gerechten Sache Streit zu wagen,
daß ich mich gewunden habe,
um Auseinandersetzungen zu vermeiden.
Ich bekenne,
daß ich nicht gewagt habe zu zeigen,
wie tüchtig ich bin,
nicht gewagt habe, so tüchtig zu sein,
wie ich es wirklich sein kann.
Gott, unser Vater und Schöpfer,
Jesus, unser Bruder und Erlöser,
Geist, unsere Mutter und Trösterin,
vergib mir meine Selbstverachtung,
richte mich auf,
gib mir Glauben an mich selbst und Liebe zu mir selbst.

Aus einem Gottesdienst schwedischer Frauen, Lena Malmgren

Du willst, Christus, daß wir heil werden,
doch vieles in uns ist nicht heil,
ist angeschlagen, zerrissen, kaputt.
Selbst unsere Gebete gehören nicht uns,
werden uns von anderen
in einer fremden Sprache vorgesagt.
So bitten wir: Christus, erbarme dich.

Du willst, Christus, daß sich der Vorhang hebt
und alle Menschen zu dir kommen dürfen:
Menschen verschiedener Hautfarbe, verschiedener Kultur,
verschiedener Gewohnheiten,
Kinder, die unruhig sind,
Frauen und Männer gleichermaßen.
Aber der Vorhang in uns will sich nicht heben.
So bitten wir: Christus, erbarme dich.

Du willst, Christus, daß wir aufeinander achthaben.
Doch wir bevormunden einander.
Wir achten einander nicht so, wie du uns achtest,
wir nehmen einander nicht ernst,
erkennen nicht an, wenn andere Gutes tun,
sehen nicht, was anderen wichtig ist,
und stehen ihnen nicht bei.
So bitten wir: Christus, erbarme dich.

Du willst, Christus, daß wir uns gegenseitig ermahnen,
doch wir sind nicht aufmerksam genug für das,
was am Leben gehalten werden muß.
Wir fordern nicht beharrlich genug
Gerechtigkeit und Frieden.
Wir klagen nicht laut genug
über das von Menschen gemachte Töten.
Unsere Mahnwachen verkommen zu Feierstunden.
So bitten wir: Christus, erbarme dich.

Du willst, Christus, unsere Liebe soll ansteckend sein,
doch uns fehlt das Feuer, das die Liebe erwärmt.
Uns fehlt der Mut zur bedingungslosen Liebe,
wie sie das Kind in diese Welt gebracht hat.
Wann werden wir uns geschwisterlich
an die Hand nehmen,
wann werden wir sichtbar als Töchter und Söhne Gottes?
So bitten wir dich: Christus, erbarme dich.

H.R.

Du, Gott, Freundin der Menschen

Du, Gott, Freundin der Menschen,
Freund die - ser Er - de,
wann werden wir sichtbar, Gott, als
Töchter und Söhne in deinem Reich?

Nach einem Gebet von Dorothee Sölle
Kanon: Dorle Schönhals-Schlaudt, Bernd Schlaudt
(Rechte bei Autorin und Autor)

Allein
gelassen
in meiner
Hoffnungslosigkeit,
leeres Gerede
von Gemeinschaft
in meinen Ohren,
verzweifelt
verletzt:
ausgestreut, verloren...

Es gibt mehr,
als ich dachte;
Liebe ist
ganz anders;
ich brauche
nicht zu bleiben,
wie ich bin.
Spannende Zukunft,
gemeinsamer Weg:
ausgestreut, verloren,
doch gehalten und immer wieder neu geboren,
läßt Gott uns wachsen – werden.

Hundertmal enttäuscht –
die Ohren taub,
die Augen blind
und die Seele stumpf
für die Frau,
für den Mann
neben mir.
Menschen,
die lieben
und deshalb wütend sind –
öffnet sich mein Herz:
ausgestreut, verloren,
doch gehalten und immer wieder neu geboren...   *W.P.*

Ausgestreut

Ausgestreut, ver - loren, doch gehalten und immer wieder neu ge - boren läßt
Gott uns wachsen – werden.

Text: Heidi Rosenstock / Mel.: Dorle Schönhals-Schlaudt, Bernd Schlaudt
(Rechte bei Autorinnen und Autor)

Christus, erbarme dich

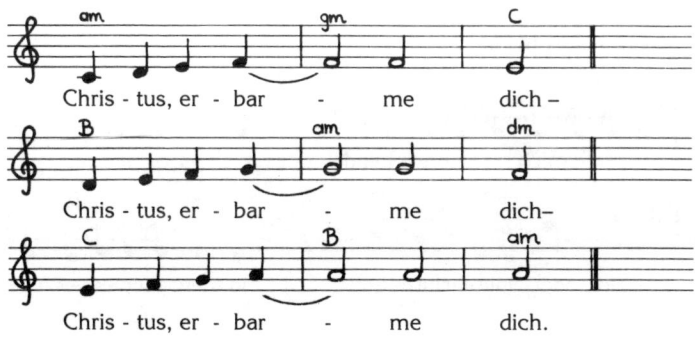

Chris - tus, er - bar - me dich –
Chris - tus, er - bar - me dich–
Chris - tus, er - bar - me dich.

Dorle Schönhals-Schlaudt (Rechte bei Autorin)

Kyrie, erbarm dich, Gott

Kyrie, er-barm dich, Gott. Kyrie, er-barm dich, Gott.
Kyrie, er-barme dich unser.

Dorle Schönhals-Schlaudt (Rechte bei Autorin)

An deinen Brunnen Gott

Text: Heidi Rosenstock, Musik: Bernd Schlaudt
(Rechte bei Autorin und Autor)

Presse mich nicht

2. Presse mich nicht
   in ein Urteil,
   das mich
   in das Gesetz
   der Entrechteten
   weist,
   in gefangene
   Räume.

3. Presse mich nicht
   in die Zeit,
   die mich,
   zur Ausnahme
   macht
   in einem Land
   der erschöpften
   Brunnen.

Text: Heidi Rosenstock, Musik: Bernd Schlaudt
(Rechte bei Autorin und Autor)

Wär Christus tausendmal

Wär Christus tausendmal in Bethlehem geboren   und nicht in

dir,   du   bliebest   ewig - lich ver - lor - en

2. Wär Christus tausendmal
   in diese Welt gegangen
   und nicht zu dir,
   du bliebest ewiglich
   gefangen.

3. Wär Christus tausendmal
   vom Grabe auferstanden
   und nicht in dir,
   du bliebest ewig bei den
   Unerkannten.

Text: 1. Str. Angelus Silesius, 17. Jhd.
Heidi Rosenstock / Musik: Bernd Schlaudt, 1989
(Rechte bei Autorin und Autor)

Sprache

Sprache,   die seit Menschenzei - ten   ausgrenzt,   sollt ihr

ü - ber-schrei-ten! Worte, die uns   neu verbinden, sollen

unsre Zungen finden – Worte,   die uns neu verbinden.

Text und Musik: Dorle Schönhals-Schlaudt, Bernd Schlaudt
(Rechte bei Autorin und Autor)

Die Zusage

Gloria

Die Bitte um Vergebung und die Zusage, daß dies geschieht, gehören eng zusammen, müssen einander inhaltlich entsprechen. Wenn das Bekenntnis zur Schwachheit und Verstrickung der menschlichste Punkt der Liturgie ist, so gibt es nun die göttliche Zusage. In der Regel ist dies ein Bibeltext, der antwortet.

Das Ja Gottes zu uns Menschen ist immer ein direktes Ja. So muß die Rede Gottes in dieser Zusage Frauen und Männer, Jungen und Mädchen direkt ansprechen. Die kraftvolle biblische Sprache kann dabei, wenn nötig, in eine gerechte, verständliche Formulierung übersetzt werden. Es kann aber auch sinnvoll sein, durch eine selbst formulierte Zusage allen Versammelten Mut und Hoffnung zuzusprechen.

Die Gemeinde antwortet mit dem gemeinsam gesungenen Gloria, dem Gotteslob: »Ehre sei Gott in der Höhe.« Neue Gloria-Lieder nehmen das Gotteslob auf und führen die Menschen zu der Hoffnung, daß sie hier auf der Erde »göttlich« handeln können.

Die sich auf Gott verlassen,
die können wieder neu beginnen.
Gott legt uns nicht auf unser Gestern fest,
sondern schenkt uns neues Leben.
Die auf Gott harren, kriegen neue Kraft,
daß sie auffahren mit Flügeln wie Adler,
daß sie laufen und nicht matt werden,
daß sie wandeln und nicht müde werden.

Als Jesus gefragt wurde,
wie das Reich Gottes bei den Menschen ankomme,
da hat er geantwortet:
Das Reich Gottes ist mitten unter euch.
Wir müssen nicht auf die großen Überraschungen warten.
Wir können wahrnehmen, was mitten unter uns geschieht.

Gott spricht:
»Ich bin heilig, und ihr sollt auch heilig sein.«
Darum können wir hoffen,
daß Gottes Feuer uns erneuert.
Darum können wir hoffen,
daß Gottes Geduld größer ist als unsere Trägheit.
Darum können wir hoffen, daß der Sturm Heiligen Geistes
mächtiger ist als die Strukturen dieser Welt.
Deshalb: Ehre sei Gott in der Höhe!

Gott läßt sich durch unser Tun und Treiben nicht beirren,
sondern lädt uns aufs neue ein:
»Kommt her zu mir, die ihr mühselig und beladen seid,
ich will euch erquicken.«
Diese Einladung öffnet uns eine neue Welt.
Deshalb: Ehre sei Gott in der Höhe!

Manchmal schenkt uns ein anderer Mensch Vertrauen.
Das macht uns stark.
Manchmal gibt uns jemand einen Rat,
und wir können ihn annehmen.
Manchmal spricht ein Mensch glaubwürdig von Gott
und strahlt Liebe aus.
Dann spüren wir deine Nähe, Gott,
und möchten mit dir unser Leben wieder wagen.

Gott läßt die Schöpfung nicht im Stich,
und wir brauchen nicht alles auf einmal ins reine zu bringen.
Mitten in der unfertigen Welt
dürfen wir unseren Alltag unterbrechen
und ruhen, wie Gott geruht hat.
Denn Gott spricht:
»Ich bin heilig, und ihr sollt auch heilig sein.«
Ehre sei Gott in der Höhe!

Was wir tun, ist nicht vergeblich,
und mit unserem Mühen stehen wir nicht alleine da.
Denn uns ist versprochen:
»Bittet, so wird euch gegeben.
Suchet, so werdet ihr finden.
Klopfet an, so wird euch aufgetan.«
Ehre sei Gott in der Höhe!

Paulus wußte: »Wo Gottes Geist ist, da ist Freiheit.«
Ein Mensch lächelt uns an.
Wir setzen uns für jemand ein,
ohne dazu verpflichtet zu sein.
Jemand stärkt uns den Rücken,
wo wir schon aufgegeben hatten.
Wir trauen einander gute Absichten zu.
Und plötzlich weht Gottes Geist mitten unter uns,
und wir singen: Ehre sei Gott in der Höhe!

Gott hat Geduld mit uns
und will nicht, daß jemand zugrunde geht.
Sondern Gott möchte, daß alle Gelegenheit finden,
von ihrem falschen Weg umzukehren.
Darum: Ehre sei Gott in der Höhe!
Nach 2. Petrus 3,9

Jesus Christus hat selbst erfahren,
wie schnell der Glaube in alle Winde verfliegt.
Und doch sagt Jesus zur Gemeinde nach Ostern:
»Friede sei mit euch.
Wie mich Gott gesandt hat, so sende ich euch.«
Weil Gott uns so viel zutraut:
Ehre sei Gott in der Höhe!

Mit dem Volk Israel lesen wir in Psalm 103:
Gott klagt nicht ständig an und trägt nicht ewig nach.
Gott handelt nicht mit uns nach unseren Sünden
und vergilt uns nicht nach unserer Schuld.
Denn so hoch der Himmel über der Erde ist,
so hoch ist Gottes Gnade über denen, die Gott fürchten.
So fern der Osten vom Westen liegt,
so weit entfernt Gott unsere Schuld von uns.
Ehre sei Gott in der Höhe!

Gott spricht:
Ich habe im Sinn, euch eine Zukunft zu schenken,
wie ihr sie erhofft.
Denn wenn ihr mich von ganzem Herzen suchen werdet,
so will ich mich von euch finden lassen.
Darum: Ehre sei Gott in der Höhe!
Nach Jeremia 29, 11 und 13

Was gewesen ist,
brauchen wir nicht zu vergessen und nicht zu verleugnen.
Wir wollen es bewahren
als Erfahrung und als Hilfe für die Zukunft
und daran denken:
Gott will uns aufrichten, wenn wir gefallen sind.
Bei Gott ist mehr Freude
über einen Sünder oder eine Sünderin,
die ein neues Leben anfängt,
als über 99 andere, die das nicht nötig haben.
Ehre sei Gott in der Höhe!

Gott gibt uns nicht auf.
Wir können neue Anfänge erleben
und finden wieder Grund zur Freude.
»Barmherzig und gnädig ist Gott,
geduldig und von großer Güte.«
Ehre sei Gott in der Höhe!

Wir müssen nicht ratlos bleiben,
sondern können uns von Christus die Richtung
weisen lassen.
Denn Christus spricht:
»Wer mir nachfolgt, wird nicht wandeln in Finsternis,
sondern wird das Licht des Lebens haben.«
Ehre sei Gott in der Höhe!

Nicht immer, aber manchmal erleben wir:
Gewalt kann beendet werden.
Versteinertes kann aufbrechen.
Wir sind nicht allein,
mit uns mühen sich viele um eine gerechte Welt.
Weil wir erfahren, daß Gott uns Mut und Kraft schenkt,
singen wir: Ehre sei Gott in der Höhe!   *H.K.*

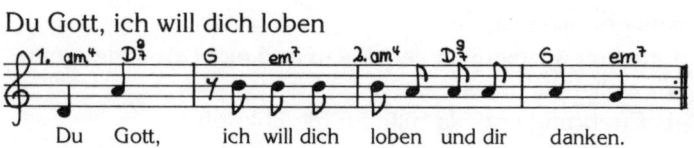

Du Gott, ich will dich loben

1. am4 D9 7 G em7 2. am4 D9 7 G em7
Du Gott, ich will dich loben und dir danken.

Dorle Schönhals-Schlaudt (Rechte bei Autorin)

Manchmal – Ein Auferstehungslied

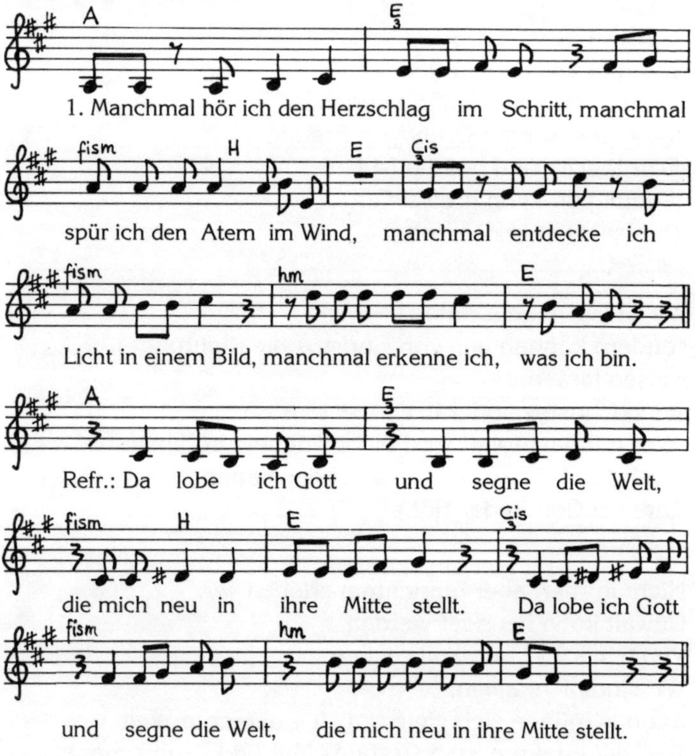
A E 3
1. Manchmal hör ich den Herzschlag im Schritt, manchmal
fism H E Cis 3
spür ich den Atem im Wind, manchmal entdecke ich
fism hm E
Licht in einem Bild, manchmal erkenne ich, was ich bin.
A E 3
Refr.: Da lobe ich Gott und segne die Welt,
fism H E Cis 3
die mich neu in ihre Mitte stellt. Da lobe ich Gott
fism hm E
und segne die Welt, die mich neu in ihre Mitte stellt.

2. Manchmal kann ich durch Mauern blicken, manchmal leg ich die Fesseln ab, manchmal steht mir der Him - mel of - fen, manchmal erkenne ich, was ich bin.

Refr.: Da lobe ich Gott...

3. Manchmal kann ich die Angst überwinden, manchmal spielt mir die Hoffnung ein Lied, manchmal weiß ich, daß Gott mich liebt, manchmal erkenne ich, was ich bin.

Refr.: Da lobe ich Gott...

Text: Heidi Rosenstock, 1989
Musik: Dorle Schönhals-Schlaudt und Bernd Schlaudt, 1989
(Rechte bei Autorinnen und Autor)

»Mache den Raum deines Zeltes weit und breite aus die Decken deiner Wohnstatt, spare nicht! Spann deine Seile lang und stecke deine Pflöcke fest!«
Jesaja 54,2

Tausend Fäden

Tausend Fäden neu verweben
leichte Zelte Raum zum Leben täglich
neu, neu die Grenzen set - zen – spinnen, knüpfen,
und vernetzen.

Dorle Schönhals-Schlaudt, Bernd Schlaudt, Okt. 1990
(Rechte bei Autorin und Autor)

Du verwandelst meine Trauer

Du ver - wan - delst meine Trauer in Freude.
Du ver - wandelst meine Ängste in Mut.
Du ver - wandelst meine Sorge in Zu - ver - sicht.
Guter Gott! Du verwandelst mich.

Kanon: B. Schlaudt und Gruppe Liturgie (Rechte beim Autor)

Du sammelst meine Tränen

Du sammelst meine Tränen.   in deinem Krug, Gott,

und   verwande   lst   sie.

Wende dich um, Frau,   wende dich um, Mensch, und

sieh: vom Tod ins Leben.

Heidi Rosenstock, Dorle Schönhals-Schlaudt, Bernd Schlaudt
(Rechte bei Autorinnen und Autor)

Alle stehen im Kreis.
»DU SAMMELST MEINE TRÄNEN IN
DEINEM KRUG; GOTT«:
In Tanzrichtung mit langsamen Schritten
schreiten, dabei zeigen die Hände die Form
eines Gefäßes.
»... UND VERWANDELST SIE«:
Mit 4 Schritten auf die Kreismitte zuschreiten
Hände und Arme aus der Spannung des
»Gefäßes« lösen und zur Mitte hin öffnen.
»... WENDE DICH UM, FRAU,
WENDE DICH UM, MENSCH«:
Mit 4 Schritten von der Mitte abwenden
und innehalten; mit den Augen einen
Punkt außerhalb des Kreis fixieren.
»... UND SIEH«:
2 Schritte auf den Punkt »draußen«
zugehen, dann aber bei
»... VOM TOD INS LEBEN«:
zum 2. Mal umwenden – nun wieder
auf die Kreisbahn ausrichten.
Lied und Tanz beginnen von vorne.

Tanzbeschreibung: Dorle Schönhals-Schlaudt

Ruf und Sammlung

Kollektengebet

Das Kollektengebet ist die konzentrierte Fassung der Liturgie. Es ist die Stelle im Gottesdienst, in der wir loslassen können, was draußen ist, und nun bereit sind, zu hören, was zu sagen ist.

Die Gebetsform soll daher kurz, aber sie muß nahe bei den Menschen sein.

Diese menschliche Nähe wird bekräftigt durch den Ruf: »Durch Jesus Christus« am Ende des Gebets.

Gott, wo dein Licht aufgeht,
finden wir uns ein.
Wir sind versammelt in deinem Namen.
Nun bitten wir dich um die Wärme
und das Verstehen,
das uns von Jesus Christus her umfängt.
Laß unseren Glauben wachsen zu dir,
durch Jesus Christus.
Laßt uns singen,
dir Gott singen
aus ganzem Herzen,
aus ganzer Seele
von dem Leben, das du uns schenkst,
von allem, was in uns und um uns
sich regt und bewegt.
Laßt uns singen
mit Freude,
mit Kraft das Lied der Hoffnung,
die in uns ist.
Durch Jesus Christus.

H.R.

Gott,
du bist uns
Grund und Halt.

Bei dir
können wir
uns fallenlassen
und sind nicht
haltlos.

Furcht, Angst, Entsetzen
haben uns oft
krumm, blind und
stumm gemacht.
Wir waren dann
wie tot, dem Leben entflohen.
Bei dir aber
erfahren wir:
Die Todesstarre fällt ab,
unsere Flucht hat ein Ende.

Denn du,
Gott, gibst uns
Grund und Halt
und führst uns
mitten im Leben
über den Tod hinaus
durch Jesus Christus.

V.S.W.

Wenn du, Gott, uns hilfst,
dann werden wir uns nicht zerstreiten,
dann können wir als deine Töchter und Söhne
auf dieser Erde den Himmel säen.
In dieser Hoffnung bewahre uns durch Jesus Christus.

Gott, du kommst in diese Welt
und willst sie verändern.
Wir beten, daß du auch in uns ankommst
und unser Beten und Tun anders werden kann.

Gott, du leidest mit uns an dieser Welt.
Wir sehnen uns mit dir nach Gerechtigkeit und Frieden.
Damit aus Schreien der Verzweiflung und Angst
ein Loblied wachsen kann,
beten wir zu dir durch Jesus Christus.

Gott, wenn du willst,
dann kann in unserem Tun und Reden,
in unserem Träumen und Singen
dein Wort wirksam sein.

Du Gott ohne Grenzen,
vor dir wollen wir
unsere Gedanken und Träume ernst nehmen.
Dir können wir auch
unsere Ängste und Zweifel sagen.
Denn du kennst uns durch Jesus Christus.

Gott, dein Wort will uns die Richtung weisen,
damit wir nicht herumirren und ohne Orientierung sind.
Darum sammle jetzt unsere Gedanken zu dir hin,
daß wir zur Stille finden aus der Unruhe unseres Alltags.
So bringen wir in der Stille vor dich, was uns beschäftigt.
(Stille)
Dies bitten wir durch Jesus Christus.

Gott, du lockst uns über alle Grenzen hinaus
und weckst Glauben.
Das wollen wir wieder erleben.
Dazu hilf uns durch Jesus Christus.

Du, Gott voll Erbarmen,
erneure uns nach Jesu Beispiel,
daß wir nicht länger Böses mit Bösem vergelten,
sondern Frieden stiften
und deiner Gerechtigkeit
zwischen uns eine Chance geben.
Dies bitten wir dich durch Jesus Christus.

Aus der Unruhe der vergangenen Woche
kommen wir zu dir, Gott.
Vieles ist geschehen, in unserem Leben und in der Welt.
Wir wollen jetzt in der Stille vor dir ausbreiten,
was uns beschäftigt.
(Stille)
Gott, wir haben dir gesagt,
worum unsere Gedanken kreisen.

Nun bitten wir dich,
daß dieser Gottesdienst für uns eine Pause sein kann,
eine Unterbrechung, in der wir zur Ruhe kommen
und aus der wir Kraft schöpfen.
Dies bitten wir dich durch Jesus Christus.

Gott, du hörst unser Gebet,
darauf vertrauen wir.
Wenn wir selbst wichtig nehmen,
worum wir dich bitten,
dann kann unser Glauben Berge versetzen.
Daß unser Beten ausstrahlt in unser Leben,
dazu stärke uns in Jesus Christus.

Du Gott voll Güte und Erbarmen,
deine Liebe und deine Geduld erscheinen grenzenlos.
Wir bitten dich, sei auch geduldig mit uns
und locke uns zum Leben in deiner Freiheit
durch Jesus Christus.

Gott des Lebens, wir bitten dich um deine Kraft,
die uns frei macht von Schuld,
die uns ermutigt zum Leben,
die uns verbindet in Gemeinschaft untereinander.
Dies bitten wir durch Jesus Christus.

Du Quelle des Lebens,
du hast uns unsere Würde gegeben.
Manchmal spüren wir,
daß wir dein Ebenbild sind.
Du willst, daß wir Leben in großer Fülle haben.
Laß uns erfahren,
wie die Begegnung mit dir lebendig machen kann.
Dies bitten wir durch Jesus Christus.

Du Quelle des Lebens und unserer Kraft,
du läßt die, die zu dir gehören, nicht untergehen.
Dafür ist dir ihr Leben zu wertvoll.
Wir bitten dich, daß du auch uns hältst,
besonders dann,
wenn uns das Leben schwerfällt
und wir keinen Sinn sehen.
Dies bitten wir dich durch Jesus Christus.

H.K.

Gott, du hältst die alten Bilder des Glaubens
in uns lebendig
und schenkst uns dazu
Gedanken und Erfahrungen,
damit wir sie neu füllen können.
Zu dir kommen wir, Gott,
du Quelle ungeahnter Möglichkeiten.
Wir brauchen deine Kraft.
Wir hoffen, daß dein Mut unsere Ängste überwindet,
daß deine Phantasie unseren Träumen Flügel leiht,
damit wir spüren können, was uns lebendig macht,
und in deine Schöpfung Leben tragen.

H.K.

Gott, vor dir wollen wir zur Ruhe kommen.
Wir wollen dein Wort hören,
daran die vergangene Woche bedenken
und uns Kraft schenken lassen
für die Woche, die vor uns liegt.
Darum bitten wir durch Jesus Christus.

Gott, du Quelle der Gerechtigkeit,
wir stehen vor dir auf der Erde, die du liebst,
ausgestreckt zum Himmel, den du versprichst.
Aus dir, Gott, nehmen wir den Mut,
uns mit den heißen Eisen unserer Zeit zu beschäftigen.

H.K.

Ich suche dich, Gott,
am Morgen jeden Tages,
und ich suche dich
mit dem Licht der heller werdenden Sonne,
bis der Mittag kommt.
So will ich lernen,
dich zu sehen
in denen,
die neben mir sind,
die im Licht oder im Schatten stehen.
Nicht alles ist möglich,
aber vieles wird wirklich
für mich
durch Jesus Christus.

H.R.

Kollektengebete zu Festen des Kirchenjahres

Gott im Kommen,
unsere Kirche ist geschmückt zum Advent.
Der Raum ist vorbereitet auf das Fest.
Wir bitten dich, Gott,
halte auch Einzug in unser Innerstes
und erhelle unsere Nacht durch dein Licht.
Dies bitten wir dich durch Jesus Christus.

Gott, wir freuen uns,
daß wir miteinander die Adventszeit beginnen können.
Heute morgen wollen wir uns Zeit nehmen,
uns in deiner Gemeinde zu stärken.
Wir wollen unsere Sorgen jetzt ruhen lassen
und gemeinsam aus dir Kraft schöpfen
für alles, was nötig ist.

Du Gott der Maria,
du willst in uns zur Welt kommen.
Daß wir daraus Mut schöpfen
und über unsere Grenzen hinaussehen lernen,
dazu hilf uns durch Jesus Christus.

Gott, zur Welt gekommen,
wir lernen zu leben durch deine Geburt.
Daß wir Hoffnung fassen, Wunder sehen,
deinem Frieden trauen,
dazu hilf uns durch Jesus Christus.

Gott, du Licht in der Finsternis,
wir feiern heute den Geburtstag von Jesus in der Kirche
mit vielen Geburtstagskerzen,
dem schönen Baum und viel Musik.
Noch spüren wir die Unruhe in uns, all das,
was wir in den letzten Tagen und Stunden
vorbereitet haben.
Wir bitten dich, Gott,
daß wir jetzt alles liegenlassen können,
daß die Ruhe des Heiligen Abends
und das Licht der Weihnacht
auch bei uns ankommt.
Gott, in dieser Nacht bitten wir um deinen Frieden
für uns und für die ganze Welt.

Gott, du Stern, der uns den Weg leuchtet.
Wir feiern heute den Geburtstag von Jesus in der Kirche.
Langsam werden wir ruhig
nach der Unruhe und Hast
der vergangenen Tage und Stunden.
Wir bitten dich, Gott,
daß wir jetzt alles Unerledigte liegenlassen können
und neu die Weihnachtsbotschaft hören und verstehen.
Gott, komm bei uns an
und leuchte uns deinen Weg,
so daß wir mit den Engeln singen können:
Ehre sei Gott in der Höhe
und Friede auf Erden,
den Menschen ein Wohlgefallen.

Gott wir feiern Ostern,
Aufstand des Lebens über den Tod.
Aber unser Leben ist noch immer vom Tod gezeichnet.
Wir feiern Ostern, Aufstand der Freude über das Leid.
Aber noch immer ist menschliches Leben
vom Leid gezeichnet.
Nur ahnend erfassen wir die neue Wirklichkeit.
Doch wir trauen dir zu, daß du uns verwandelst,
daß du dein Osterlicht heute leuchten lassen kannst
durch uns.
Darum beten wir zu dir im Namen Jesu.

Gott, du bist die Zuflucht aller Gescheiterten.
Wir sind deine Gemeinde.
In deiner Kraft können wir
miteinander das Leben teilen
und gemeinsam auferstehen
aus aller Angst und Enttäuschung.
Dazu hilf uns durch Jesus Christus.

Gott des Lebens,
wir bitten dich für diesen Gottesdienst.
Hilf uns allen mit deinem Wort und deiner Kraft,
daß wir einander zum Leben überreden.
Darum bitten wir dich durch Jesus Christus.

                                                              H.K.

Gott,
du liebst uns wie ein Vater,
du sorgst dich um uns
wie eine Mutter.

Durch dich erfahren wir,
was Leben heißt,
in dir sind alle
Schranken durchbrochen.

Abgestorben waren wir in
unserer Resignation,
Spuren des Todes zogen sich
durch unseren Alltag.

Sprachlos gemacht
und hoffnungslos geworden
waren wir außer uns.

Doch deine Liebe
und dein Geist
haben uns wieder zurechtgebracht.

Wir spüren:
Neues Leben wächst,
und Hoffnung breitet sich aus.

Und wir sagen sie weiter
mit Maria
die Botschaft von deiner Auferstehung,
die Botschaft von unserer
Befreiung.

Leben für alle,
das Ende von Herrschaft und Macht
durch Jesus Christus. *W.P.*

So will ich von meinem Glauben sprechen
Credo

Das traditionelle Glaubensbekenntnis ist in unseren Gottesdiensten zu einem uns alle verbindenden Gebet geworden. Die Gemeinde kann es gemeinsam sprechen, und sie steht dazu auf. So ist es zu einem bedeutsamen Element innerhalb der Liturgie geworden.

Doch in der Regel wissen die Gemeindeglieder nicht, daß dieses Glaubensbekenntnis kein biblischer Text ist, sondern von Gläubigen Jahrhunderte nach Christus formuliert wurde.

Er ist entstanden, um Irrlehren abzuwehren, Widerstand zu leisten, gemeinsame Inhalte zu erinnern und zu festigen.

So ist es hilfreich, der versammelten Gemeinde ab und zu von der Entstehungsgeschichte des Glaubensbekenntnisses zu berichten, um dann hinzuführen zu neugefaßten Bekenntnissen von Frauen und Männern unserer Tage.

Diese neuentstandenen Glaubensbekenntnisse können mit dem Satz eingeleitet werden: »So spricht eine Frau, ein Mann vom Glauben.« Wenn das Thema des Gottesdienstes eingeführt ist, leuchtet ein darauf bezogenes Bekenntnis auch ein.

Gott,
lebendige, formende Kraft,
du rufst uns ins Leben
jeden Tag
neu
von Anbeginn an –
an dich glauben wir.

Jesus,
im Abseits geborenes Kind,
du kennst unser Leben.
Sohn einer Verachteten,
Bruder aller Schwachen
bis zum letzten –
auf dich schauen wir.

Geist,
pulsierender, verwegener Herzschlag,
du drängst uns zum Leben.
Ohnmächtige stehen auf,
der Tod erstirbt
alle Tage neu –
auf dich warten wir.

Gemeinschaft,
vielfältiger, bewegter Raum,
du beschenkst unser Leben
mit Liebe und Vergebung,
mit Aufgaben und Erfüllung
heute und morgen –
in dir leben wir.

Geist,
befreiender, tiefer Atem,
du erhältst unser Leben
durch beflügelte Schritte,
durch erwachende Sinne,
alle Tage neu –
auf dich hoffen wir.

Jesus,
gottbegabter Mensch,
du teilst unser Leben
in Freude und Lachen,
in Fragen und Angst
bis zum letzten –
durch dich vertrauen wir.

Gott,
nährende, erhaltende Macht,
du trägst unser Leben
jeden Tag
neu,
jetzt und immerfort –
an dich glauben wir.

V.S.W.

Ich glaube an Gott
die Kraft,
die uns wie am ersten Schöpfungstag
ins Leben ruft.

Und an Jesus Christus,
das Gotteskind,
von Maria zur Welt gebracht.
Das gottbegabte Menschenkind
hat mit Brüdern und Schwestern gelebt,
sie geheilt und aufgerichtet,
doch gelitten
unter den Menschen,
die an das Gesetz des Todes glaubten.
Ist hineingegangen
in die Mitte des Todes,
wurde von Menschen
in ein Grab getragen,
von Gott
neu ins Leben gerufen.
Es sitzt an der Seite
der Ohnmächtigen,
denen Gott Macht verleiht.
Von dort
kommt die Botschaft zum Leben
an die Lebenden und die Toten.

Ich glaube,
daß Gottes Geist
lebendig macht,
zur Liebe befähigt,
zur Vergebung ruft,
zur Wachsamkeit drängt
und zum Leben auffordert
ewig.
Amen.   *H.R.*

Ich glaube an Gott,
die Kraft, die uns in die Schöpfung ruft.

Ich glaube, daß Gott
uns aus der Angst und der Verwirrung
führen kann.

Ich glaube, daß Gott
uns Menschen Zeichen gibt, damit wir sie
verstehen.

Ich glaube, daß Jesus Christus
uns als Gottes-Menschen-Sohn
an unsere Sinne erinnert,
mit denen wir
Freude und Schmerz,
Tod und Leben,
Sommer und Winter,
Himmel und Erde
erfahren können.

Ich glaube daran,
daß in uns die Kraft
für neues Leben ruht,
die in den Sommer drängt.

Ich glaube, daß es neben uns
Schwestern und Brüder gibt,
die mit uns gehen wollen.

Ich glaube, daß uns Gottes Geist
aus den Sorgen des Alltags
in die Wachsamkeit des Gebets ruft,
zum Respekt nötigt,
zur Gerechtigkeit drängt,
zur Vergebung einlädt,
zur Liebe befähigt
und zum Leben auffordert.
Amen.   *H.R.*

Ich glaube an Jesus,
der von Gott sprach
als von einer Frau,
die den verlorenen Groschen sucht;
als von einer Frau,
die beim Wischen
nach dem Verlorenen sucht.

Ich glaube an die
Ganzheit der Erlösung,
in der weder Jude noch Grieche ist,
weder Sklave noch Freier,
weder Mann noch Frau;
denn wir sind alle eins
in der Erlösung.

Bekenntnis einer unbekannten Amerikanerin

Leid wie Jesus tragen

Die ganze Welt,
auch mein Leben,
kommt von Gott.

Ich vertraue darauf,
daß ich jeden Tag
das Glück habe,
mich freuen zu können.

Leid kommt aber
durch Menschen,
auch durch mich,
in die Welt.

Ich vertraue darauf,
daß ich leben kann,
auch wenn es schwer wird,
daß ich Mut kriege,
Dinge zu ändern,
an denen ich
und andere leiden.

Ich träume davon,
so mit andern zu leben,
wie Jesus
es uns gezeigt hat.
Amen.

aus: Liturgie im Kindergottesdienst

Gedenken
Fürbittgebete

Hier geht es darum, daß Fragen und Antworten, Zweifel und Hoffnungen konkretisiert werden. Die Teilnehmerinnen und Teilnehmer am Gottesdienst bestätigen, daß sie Gottes Stimme in Liturgie und Predigt gehört haben. Das Thema des Gottesdienstes kann nun auf bestimmte Lebenssituationen im persönlichen, im familiär-beruflichen, im kirchlichen sowie im weltweiten Geschehen bezogen werden. Die Sprache des Gebets soll Raum geben, nicht eingrenzen, so daß die Gedanken der Männer und Frauen, der Alten und Jungen, der Farbigen und Weißen darin aufgehoben sind.

Gott,
du Mitte deiner Gemeinde,
sei nahe den Menschen, die leiden,
die abseits von jeglicher Erwartung stehen,
schenke ihnen Begegnungen mit Menschen,
die ihnen aufhelfen können.
Wir bitten dich für unsere Gemeinde,
daß sie offen bleibt
für Herausforderung und barmherzige Liebe.
Wir bitten auch für die,
die für die Zukunft der Kirche arbeiten.
Schenke den Frauen und Männern dort
einen klaren Verstand, prophetische Kraft
und ein gutes Augenmaß für ihre Arbeit,
damit wir alle im Gegenüber zu dir aufgehoben sind
in der Verantwortung für Gerechtigkeit und Frieden
in dieser Welt.

H.R.

Gott, wir bitten dich
  um Verzeihung für alles,
  was Menschen in deiner Kirche
  anderen Menschen angetan haben,

  für Ketzer- und Hexenjagd
  und für Kriege,
  die heilig genannt wurden.

Vergib uns,
  daß wir die Morde an den
  Schwestern und Brüdern jüdischen Glaubens
  nicht
  verhindert haben.

Vergib uns heute,
  daß wir nicht deutlich genug
  eintreten
  für die,
  die wegen ihrer Hautfarbe,
  ihres Geschlechts,
  ihrer Volkszugehörigkeit
  diskriminiert, verfolgt,
  getötet werden.

Wir fürchten uns
  vor Regierungen und Institutionen,
  die sich
  nicht
  an den Interessen
  der Menschen orientieren,
  vor der Gewalt der Bürokratie,
  in der Menschen
  gequält und gedemütigt werden.

Wir fürchten uns
   vor den Bildern der Not
   und des Hungers, besonders der Kinder
   in dieser Welt,
   vor der Einsamkeit,
   den Krankheiten,
   den Sorgen in Beruf und Familie und davor,
   klare Entscheidungen zu treffen.

Gott, wir wissen,
   du hast uns als Lebewesen geschaffen,
   die entscheiden können.
   Von den Müttern und Vätern
   unseres Glaubens
   haben wir erfahren,
   daß Entscheidungen
   zur Umkehr,
   zum Aufbruch,
   zur Heilung
   führen können.

So bitten wir dich:
Laß uns mit List und Klugheit
   um das Leben unserer Kinder kämpfen
   wie die Hebammen Pua und Schifra.

Lehre uns erkennen
   wie Maria und Martha,
   wann leibliche,
   wann geistliche
   Nahrung nötig ist.

Treibe unsere Sehnsucht,
so zu werden
wie der Vater,
der den verlorenen Sohn
in bedingungsloser Liebe
in die Arme schließt.

Stütze uns,
wenn wir hartnäckig
Gerechtigkeit fordern
wie die Witwe.

Gib uns
wie Thomas
ein sichtbares Zeichen
unseres Glaubens,
das wir anfassen können.

Lehre uns,
Trauer auszuhalten
wie die Frauen am Grab
und an den Gräbern.

Schenke uns dazu
die Hoffnung
und das Vertrauen der Jünger und Jüngerinnen,
die immer wieder
nach dem Reich Gottes fragen.

Laß uns
den Widerstand
und den geschäftigen Mut
der Abigail schätzen,
damit auch wir das Brot
des Friedens anbieten können.

So bitten wir dich, Gott,
   um die Phantasie des Herzens,
   die aufmerksame Unzufriedenheit des Geistes,
   die Kraft der Hände,
   die Lebendigkeit des Körpers
   für die Arbeit am Frieden
   in unserer Welt.

Damit unsere Kinder
   eine Zukunft haben.

H.R.

Und du, Jesus, liebster Herr,
bist du nicht auch Mutter?
Wahrlich, du bist eine Mutter,
die Mutter aller Mütter.
Du hast den Tod geschmeckt
in deinem Wunsch, deinen Kindern Leben zu geben.

11. Jahrhundert

Mutter unser, du bist die reiche Erde,
die Gesundheit und Glück besitzt,
die mächtiger ist als alle Kreaturen.
Du lehrst deine Töchter, daß du unsere Seele bist,
die Mann nicht mit Stiefeln tritt.

Verfasserin unbekannt

Wo du bist,
Gott,
zählen Geschlecht,
Hautfarbe und Herkunft
nicht mehr.

Wo du wirkst,
Gott,
leben Menschen
und Kulturen
in aller Verschiedenartigkeit
miteinander.

Wo du bleibst,
Gott,
verlieren Angst,
Vorurteile und Hochmut
ihre Macht.

Darum laß uns,
Gott,
immer wieder
bei dir sein
und mit dir leben.
Amen.

V.S.W.

Wenn du mir die Gabe
des Wortes schenkst,
dann sei die Rede von dir,
Gott,
und von den Menschen, die mir nahe sind.
Wenn du mir Hände
zum Heilen schenkst,
dann gib sie mir stark und sanft zugleich.
Ohne zu klagen,
möchte ich gastfreundlich sein,
denn mein Glaube
braucht die Gemeinschaft der anderen.
Um eine besondere Gnade bitte ich dich,
Gott,
daß ich nicht nachlasse
in der Liebe.
Denn die Liebe
macht viele Versäumnisse wieder gut.
Denn für alles, was geschieht,
ist das Ziel nahe.

H.R.

Dank sei dir, du Lebensquell,
Dank für Sonne und Regen,
Dank für alles, was lebt,
Dank für die Schwestern und Brüder,
Dank für mein Leben.

Dank sei dir,
Du Gott mit dem weiten Herzen.
Was du geschaffen hast,
das darf auch sein:
Ich darf sein.
Dank für den Platz in deiner Hand.

Dank für die Kinder,
die du schenkst.
Dank für die Braunen und Blonden,
die Dicken und Dünnen,
die Wilden und Stillen.
Sie dürfen sein.
Dank für den Platz in deiner Hand.
Du sagst ja zu uns, Gott.
Wir können leben
und all die anderen auch,
die Schwierigen, Schlimmen, Ungeliebten.

Komm mit deiner Weite in unsere Enge,
komm mit deiner Erlaubnis in unsere Verbote,
komm mit deiner Liebe in unsere Angst,
damit wir leben,
damit alle leben
und du in uns.
Amen.

U.W.R.

Gott, schenke uns die Gnade des Beten-Könnens.
Laß unser Leben in allem,
was wir tun und denken und empfinden,
ein unablässiges Gespräch mit dir sein.
Laß unsere tägliche Arbeit ein Gebet sein,
eine Antwort auf deine Liebe.
Laß uns nicht müde werden
im Einklagen der Rechte für alle Menschen,
denen sie vorenthalten werden.
Und laß dich herausfordern und daran erinnern,
daß du versprochen hast, ihnen Recht zu schaffen.
Gebrauche uns dazu als deine Werkzeuge,
aber mach schnell, denn sie verhungern darüber,
weil es so lange dauert.
Sie sterben in den Gefängnissen
und an dem Dreck, in dem sie leben.
Wir werden mit dem Elend dieser Welt
nicht alleine fertig, Gott.
Laß dich erbarmen und hilf uns.

Chr. Kr.

Singen, Gott, und dich loben
und das Lied der Hoffnung lernen,
tanzen, Gott, und du in der Mitte,
und den Tanz des Lebens üben –
das laß uns auch singen für die,
denen das Lied im Halse steckenbleibt,
und tanzen für die,
denen Hände und Füße gebunden sind.
Singen, Gott, und dich loben
und das Lied der Hoffnung lernen
für uns und für die bedrohte Erde.
Tanzen, Gott, und du in der Mitte,
und den Tanz des Lebens üben,
wir und alle und alles, was lebt.
Höre unsere Stimme!
Sieh unseren Tanz!

U.W.R.

Gott, wir bitten:
schenk uns etwas vom Glauben der Rahab.
Laß uns wie sie begreifen,
daß du Gott bist
oben im Himmel und unten auf Erden,
damit wir nicht müde werden
in unserem Engagement
für den Erhalt unserer Erde,
die deine ist.

Gott, wir bitten:
Schenk uns etwas von der Erkenntnis der Rahab.
Laß uns wie sie begreifen,
daß du Gott bist
auch unserer Geschichte,
damit wir nicht versäumen,
aus der Vergangenheit zu lernen.
Laß uns einstehen für das politisch Vernünftige,
damit wir wie Rahab unseren Kindern
eine Zukunft schaffen,
die von dir gesegnet ist.

Gott, wir bitten:
Schenk uns etwas vom Mut der Rahab.
Laß uns wie sie begreifen,
daß du, Gott,
unseren persönlichen Einsatz willst und segnest,
damit wir mutiger werden in unseren Entscheidungen,
gerade in den einsamen.
Mach uns mutig,
Zeichen zu setzen,
und laß es uns ertragen,
wenn wir dabei mißverstanden werden.

Gott, wir danken
für Menschen wie Rahab
und die, die unter uns leben wie sie.
Wir danken für Menschen,
die sich nicht fürchten
vor den Verurteilungen weltlicher Richter,
weil sie dein Gebot zur Erhaltung des Lebens
ernster nehmen als Paragraphen.
Wir danken,
daß du auch uns gebrauchen willst
und daß du uns segnest
in unserem Bemühen
um Frieden, Gerechtigkeit
und die Bewahrung deiner Schöpfung.

Chr. Kr.

Gott, wir klagen dir

– unsere geschlagenen, mißhandelten
  und vergewaltigten Schwestern,
– unsere Schwestern aus Asien,
  die in unser Land gelockt werden,
  um sich dann unter erniedrigenden Bedingungen
  verkaufen zu müssen;
– unsere Schwestern in Südafrika, die leiden unter dem
  Rassismus der Apartheid.

Für sie alle bitten wir dich:

Ermutige Frauen und Männer,
die Unterdrückung und Erniedrigung
nicht mehr hinnehmen wollen.

Gib ihnen Kraft,
daß sie Unrecht und sexistisches Verhalten
beim Namen nennen, wo immer es sei.

Schenke uns die Liebe,
die Zärtlichkeit und die Phantasie,
dort, wo wir leben,
mit der neuen Gemeinschaft
zwischen Frauen und Männern zu beginnen.
Laß uns dabei
nicht mit schnellen Kompromissen zufrieden sein,
sondern schenke uns Geduld und langen Atem.

Rufe du uns immer wieder bei unserem Namen,
damit wir uns umwenden
und deinem Weg des Lebens folgen,
dem Weg der Gerechtigkeit und der Liebe
für Frauen und Männer, Schwestern und Brüder
bei uns und in aller Welt.

W.P.

Gott, du rufst die Wasser der Tiefe,
daß sie Leben hervortreiben in der Kälte des Winters.
So rufe auch uns, die wir starr sind aus Enttäuschung,
aus Unsicherheit, aus Überforderung,
daß wir dein Leben spüren in der Kälte unserer Zeit,
daß wir es behutsam und mutig in uns wachsen lassen,
bis es hervorbricht, wenn die Zeit reif ist.
Gott, sei mit denen, die von nichts mehr wissen
als von ihren Sorgen, ihrer eigenen Angst,
die nicht sehen können, wie Neues sich ankündigt.
Laß sie das Wunder erfahren
– du kannst ja Tote erwecken –
das Wunder, neu geboren zu werden
und wie ein kleines Kind neu zu lernen:
schmecken, tasten, begreifen und dann sich aufrichten,
erhobenen Hauptes den ersten Schritt gehen.
Gott, lehre uns, genauer hinzusehen,
die Angst der Menschen, die bei uns eine Heimat
suchen – und soviel Feindschaft erfahren,
die Verzweiflung der gedemütigten,
der geschlagenen und vergewaltigten Frauen
der mißbrauchten Kinder.
Wir bringen sie vor dich, Gott, schweig doch nicht
zu allem Unrecht, das bei uns geschieht.
Laß uns dein Mund sein, der sagt,
was keiner hören will.
Und deine Füße laß uns sein, o Gott,
die hingehen in die Asylantenlager.
Und deine Hand, die nicht Berührung
mit dem Fremden scheut.
Gott, nüchtern laß uns sein und wachen,
weil es jetzt dunkel ist in unserer Welt.
Die kleine Kraft, die in uns wirken will,
hilf, daß wir sie entfalten dort, wo du uns hinführst.

L.H.

Gott, unser Vater und unsere Mutter,
du Gott der Sehnsucht wirst Mensch.
Du fliehst die Kälte einer glorreichen Einsamkeit.
Du wählst unser Leben und frierst als Kind in einem Stall.
Du fliehst vor der Macht des Schwertes nach Ägypten,
wie so viele deiner Brüder und Schwestern
bis auf den heutigen Tag geflohen sind.
Du teilst mit den meisten Menschen die Erfahrung, daß
das Brot und das Wasser,
das Dach über dem Kopf und das Herdfeuer,
die Ruhe des Lebens und des Sterbens
nicht selbstverständlich gegeben sind.
Du hast bis zum Blutschweiß mit uns
die Angst vor dem Tod geteilt.
Deine Heiligen haben mit dir die Angst vor der Folter
und dem Tode geteilt.
Deine Sehnsucht nach uns treibt dich
bis in unser Brot und unseren Wein.
Du gehst mit denen, die Kaffee ernten
und ihr Leben zum Geschenk machen für die Armen.
Nichts ist mehr bedeutungslos, seit du Mensch geworden bist.
Nicht die Angst der Menschen,
nicht das Brot der Menschen,
nicht die Sicherheit der Menschen,
nicht, ob Krieg ist oder Frieden,
nicht, ob einer gefoltert wird oder frei lebt,
nicht, ob einer weint oder einer glücklich ist.
Lehre uns schätzen, was du schätzt:
das Brot, den Frieden, die Freiheit, die Wärme,
unser Wasser,
die Reinheit unserer Herzen und unsere Kraft
für das Leben.
Lehre uns, was wir am meisten brauchen:
die Achtung vor unserer eigenen Würde,
daß wir unsere Kraft schätzen und sie nicht vertun,
daß wir keinen Schmerz verachten,

auch unseren eigenen nicht,
daß wir uns selber nicht verraten,
indem wir anderen das Leben nehmen.
Sei unser Herr, korrigiere unsere unwürdigen Absichten
und lenke unsere Wünsche,
daß sie auf das Leben gehen und nicht auf den Tod.
Gott, unsere Schwester, Gott, unser Bruder,
laß dich nicht vertreiben durch unseren Verrat.
Bleibe bei uns im Leben und im Sterben.

Dorothee Sölle

Gott,
du liebst uns wie ein Vater,
du kümmerst dich um uns wie eine Mutter.

Deshalb bringen wir unsere Bitten und Wünsche vor dich:
– daß wir unsere Dunkelheit und Leere aushalten
   und dennoch die Kraft finden, uns umzuwenden;
– daß wir unsere Wünsche und Träume wahrnehmen
   und sie uns nicht ausreden lassen;
– daß wir in der Auferstehung deines Sohnes
   unser eigenes Leben entdecken.
Wir denken vor dir:
– an die Frauen und Männer,
   die keine Zukunft mehr sehen
   für sich und ihre Kinder;
– an die Einsamen und vom Tod Betroffenen,
   die am Sinn des Lebens zweifeln;
– an die Frauen und Männer,
   deren Beziehung sich verdunkelt hat,
   weil sie nicht mehr miteinander reden können.

Für sie alle bitten wir dich:
Schenke ihnen deinen Geist,
rufe sie von neuem bei ihrem Namen,
daß sie ihr Leben in deiner Zukunft erkennen können.

U.W.R.

Gott, dein Himmel geht über allen auf,
und deine Güte umgreift die Erde, unsere Welt.
Du läßt viele Menschen in vielen Ländern
in deinem Namen leben und wirken, kommen und gehen.
Du bist weit und groß, weiter und größer, als wir es sind.
Du begegnest uns in anderen Menschen
und in anderem Glauben
und erwartest, daß wir verstehen lernen
und denen entgegenkommen,
die uns fremd erscheinen und bedrohlich,
in ihrer Sprache, ihrer Meinung,
ihrem Aussehen und ihrer Kultur.
Die Kraft deines Geistes wohnt auch bei ihnen.
Wir sind getauft auf deinen Namen.
Du kannst uns unabhängig machen von den Dingen,
die uns binden, blenden und ängstlich machen.
Dann können wir uns gegenseitig festhalten,
erhalten, vertrauen
und deine Gemeinde sein aus vielen Gliedern
und doch einig und dein.
Einig in dir, ist es die Aufgabe deiner Kirche,
aus den Problemen unserer Zeit hinauszuweisen.
Dazu brauchen wir Mut zur Umkehr
und deine Hilfe.
Darum bitten wir gemeinsam, wie Jesus auch gebetet hat...

Gott,
wir danken dir, daß Jesus in unsere Welt geboren wurde.
Jesus hat wie wir gelitten unter Ablehnung und Mißtrauen.
Es ist schwer, Menschen ihr Unrecht vor Augen zu stellen.
Gott, du weißt,
daß harte, aber wahre Worte manchmal nötig sind.
Wir bitten dich, wenn es schon sein muß,
dann laß uns wie Jona
die harten Worte zur rechten Zeit aussprechen.
Laß uns so reden, daß Umkehr möglich ist.
Wir wissen,
wenn wir mit dem Finger auf fremdes Unrecht zeigen,
wirken wir schnell selbstgefällig.

Darum bitten wir dich um die Augen der Königin von Saba.
Sie sah, daß die, die Recht und Gerechtigkeit üben,
von Gott beauftragt sind.
Laß unsere Kritik an anderen
begleitet sein von unserem eigenen Mühen um Gerechtigkeit.
Und begleite uns durch alles,
was dann auch immer kommen mag.
Darum bitten wir dich gemeinsam
mit dem Gebet, das Jesus auch gebetet hat...
Zu Matthäus 12, 38 – 42

Vor dir, Gott,
können wir alle unsere Gedanken zu Ende denken,
unsere Wünsche und Träume in Worte fassen
und bedenken, was wir selbst tun können.
Wie Jesus sind wir oft in Gefahr,
an Leidenden stur vorbeizuschauen,
uns für nicht zuständig zu halten.
Wie die Jüngerinnen und Jünger sind wir oft versucht,
uns unbequeme und fordernde Menschen
vom Leib zu halten.
Aber Jesus und die um ihn konnten dazulernen.
Wir bitten um ihre Kraft, uns zu ändern.
Die fremde, andersgläubige Frau
laß uns ein Vorbild sein, Gott,
daß wir uns, wenn es nötig ist,
über die ungeschriebenen Gesetze hinwegsetzen,
daß wir beharrlich bleiben,
auch wenn wir zunächst keinen Erfolg haben,
daß wir uns durch Verletzungen
nicht von unserem Ziel abbringen lassen.
Laß uns an der Weitsicht dieser Frau festhalten,
wenn andere dich in ihre Grenzen sperren wollen.
So kannst du, Gott, unseren Glauben stärken,
und wer weiß, vielleicht kann unser Glaube
eines Tages wirklich Berge versetzen.
Darum beten wir gemeinsam, wie Jesus auch gebetet hat...
Zu Matthäus 15, 21 – 28

Gott, du Halt, wenn alles andere schwankt.
Vor dir können wir unsere Träume erzählen.
Die angenehmen, die bunten Träume
lassen unsere Phantasie blühen
mitten im Beton dieser Welt.
Wir können uns die Welt anders träumen.
Durch unsere Arbeit und mit deiner Hilfe, Gott,
kann die Welt werden,
wie du sie uns heute schon träumen läßt.
Vor dir, Gott,
können wir auch unsere Angstträume aushalten.
Wir müssen vor der Angst nicht davonlaufen.
Wir brauchen die Alpträume nicht zu verdrängen.
Gott, mit dir können wir uns umdrehen
und der Angst mitten ins Gesicht sehen.
So wird unberechtigte Angst von uns weichen.
Notwendige Angst laß uns verwandeln
in Kräfte, die Gefahren zu beseitigen.
Gott, auch am Boden unserer Träume laß dich entdecken.

Gott des Lebens,
wir beten zu dir, weil unser Leben gefährdet ist.
Wie oft sehnen wir uns nach deinen Hirtinnen und Hirten,
die uns stützen und halten,
die uns ein Bild vom Leben vor Augen malen.
Das Leben erscheint uns unbehütet.
Gewalt und Tod vor der Zeit ragen in unseren Alltag hinein.
(aktuelle Anliegen)
Gott des Lebens,
wir haben nur wenige Beispiele
bedrohten menschlichen Lebens ausgebreitet.
Vieles andere geht uns durch den Kopf.
Du kennst auch diese Gedanken.

Wir bitten dich,
laß uns zu Hirtinnen und Hirten werden,
wo wir für das Leben sorgen können,
und laß uns dann,
wenn unsere eigenen Möglichkeiten wirklich erschöpft sind,
dir in anderen Hirtinnen und Hirten begegnen.
Gemeinsam beten wir weiter, wie Jesus auch gebetet hat...
Zu 1. Petrus 5, 1 – 4

Gott, du Brunnen, aus dem wir unser Leben schöpfen,
manchmal fühlen wir uns weggeworfen
und klein gemacht wie Thamar.
Manchmal scheint es für uns auf dieser Welt keinen Platz
zu geben, wo wir in Würde leben können.
Wenn wir die Zeitung aufschlagen
oder die Nachrichten einschalten,
begegnen uns unzählige Menschen,
denen ihre Würde und Gerechtigkeit vorenthalten werden.
Es gibt genug Grund, zu resignieren
angesichts der Strukturen dieser Welt.
Aber wir wollen uns und die anderen nicht aufgeben.
Du Gott, kannst der Brunnen sein,
aus dem wir immer wieder
Kraft, Phantasie und Ausdauer schöpfen.
Mit dir können wir an einer gerechten Welt arbeiten,
in der alle Menschen in Würde arbeiten und spielen können.
Unsere Gedanken gehen zurück zu dem Leben,
das Jesus uns vorgelebt hat,
und wir beten gemeinsam, wie Jesus auch gebetet hat ...
Zu 1. Mose 38

Gott, Quelle des Lebens,
an unseren Vorfahren lernen wir,
wie Menschen in die Irre gehen können.
An den Umweltkatastrophen spüren wir,
wie wir die Schöpfung bedrohen.
Unser Leben ist gefährdet.
Es hilft nichts, wenn wir die Augen verschließen.
Wir tragen Verantwortung für deine Schöpfung.
Durch unser Tun und durch unser Lassen,
durch unsere Trägheit
und durch unser stillschweigendes Einverständnis
können wir schuldig werden.
Gott, wir bitten dich um Orientierung
für unseren Weg
inmitten der Heils- und Unheilsprophezeiungen.
Wir hoffen,
daß es für Einsicht und Umkehr noch nicht zu spät ist,
und bitten dich
– um den Mut,
   auch schwierigen Wahrheiten ins Gesicht zu sehen;
– um die Ausdauer,
   auch komplizierte Sachverhalte zu ergründen;
– um die Hoffnung,
   die nötig ist, um dem Machbaren zu widerstehen.
Als deine Gemeinde, Gott,
blicken wir über unseren engen Kreis hinaus
und denken im Gebet vor dir an...
(konkrete aktuelle Anliegen)
Gott, als deine Gemeinde
breiten wir die Sorgen unserer Welt vor dir aus.
Wir wollen tun, was wir können,
und, wo unsere Kräfte zu Ende sind,
alles in deine Hände legen.

Gott, dein Wille geschehe!
Aber was ist dein Wille?
Ich kann nicht glauben,
daß alles, was auf dieser Erde geschieht,
alles Unrecht, alle Gewalt, alle Herrschaft
dein Wille ist.
So grausam bist du nicht!
Nach deinem Willen sähe die Welt anders aus.
Wann werden wir
nach deinem Willen miteinander leben?
Wann?
Bis dahin hoffen wir,
daß du uns und andere stützt und am Leben hältst
immer dann, wenn von Menschen gemachtes Leid
uns zu brechen droht.

Gott, du Ohr für alle Menschen,
befreie deine Kirche von den Gepflogenheiten dieser Welt.
Sie soll nicht der Gesellschaft gleichen,
in der Schwache schutzlos bleiben
und Mächtige sich durchsetzen.
Nie soll deine Kirche schweigen,
sondern in aller Freiheit
ohne Zurückhaltung und Feigheit
dein Wort verkünden.
Nie soll deine Kirche schweigen,
wenn Schutzlose unsere Stimme nötig haben.
Auch wenn – gerade wenn
wir dann gegen den Strom der Zeit schwimmen müssen.
Daß du uns dazu die Kraft gibst,
darum bitten wir mit dem Gebet Jesu...

H.K.

Gott, du Ohr für unsere Klagen,
wir beten zu dir und hoffen, daß du aushältst,
was wir nicht wahrhaben wollen.
Vor dir denken wir an Jesus von Nazareth
und alle, die wie er Menschenhänden ausgeliefert sind:
- Vergewaltigte,
- Gefolterte,
- Menschen, die um ihres Glaubens willen
  mundtot gemacht werden,
- mißhandelte Kinder,
- Opfer von Krieg und Terror.
Wir sehnen uns nach einer Welt ohne Gewalt
und können uns doch eine solche Welt
fast nicht vorstellen.
Hoffentlich, Gott, bleibt uns selbst erspart,
Opfer solcher Gewalt zu werden,
und hoffentlich bleibt es uns auch erspart,
uns jemals an solcher Gewalt zu beteiligen.
Wozu könnten wir fähig sein?
Gott, bewahre uns vor dieser Erfahrung.

Für die gebrochenen und gefolterten
Frauen, Männer und Kinder –
Gott, was sollen wir beten?
Wir wollen glauben,
daß du niemand allein läßt
und auch in einem geschundenen Gesicht
noch Würde entdeckst.
Wir wollen glauben,
daß du die zu Tode Gequälten aufhebst
und daß du denen, die überleben,
Kraft gibst zum Weiterleben
und Zeit zum Heilen
und irgendwann wieder
die Fähigkeit, unbeschwert fröhlich zu sein.
Gott, wenn du uns dazu brauchen kannst,
dann hilf uns zum richtigen Wort,
zur rechten Geste.
Und fall mit uns dem Unrecht in den Arm,
bevor es geschieht.

Zu Richter 19

Fürbittgebete zu Festen des Kirchenjahres

Gott, du Quelle allen Lebens,
wir haben miteinander Advent gefeiert.
Wir wissen, eines Tages
werden sich die Starken zu den Schwachen setzen,
auf den dunklen Plätzen wird ein Licht aufleuchten,
die Vorhänge werden geöffnet sein,
und wir wollen uns anspornen,
aufeinander besser zu achten.
Das bitten wir dich am 1. Sonntag im Advent.

Gott, du Brunnen, aus dem wir unser Leben schöpfen,
wir bitten dich um lebendiges Wasser für alle Menschen.
Schenke uns klare und gute Gedanken,
wenn wir dein Kommen vorbereiten.
Laß uns teilnehmen an dem, was uns neu werden läßt.
Schenke uns Ausdauer, Phantasie und Freude
und die Kraft, dein Kommen vorzubereiten.
Das bitten wir am 1. Sonntag im Advent.

Gott, du Licht, das unseren Weg hell macht,
laß uns die sehen, die noch im Dunkeln stehen,
stecke uns an mit deinem Feuer der Liebe,
daß unsere Wärme auch andere wärmt.
Laß uns sehen, was du geschaffen hast,
das Samenkorn, das wachsen will,
den Mond und die Sterne,
die uns von deinem Licht erzählen,
die Jahreszeiten, die uns an unsere Zeit gemahnen,
und die Lebewesen, die du uns anvertraust.
Schenke uns den Funken Licht, den wir brauchen,
damit die Welt heller und wärmer wird.
Das bitten wir am 1. Advent.   *H.R.*

Immanuel – Gott ist mit uns,
daß wir auch mit Gott sind,
darum beten wir in dieser Heiligen Nacht.

Gott, du bist mit uns
auch in dieser Gemeinde.
Wenn wir uns miteinander mühen,
dein Wort zu verstehen und zu leben,
dann trage uns mit deinem langen Atem.

Gott, du bist mit uns
inmitten der Realitäten dieser Welt.
Während die einen Krieg vorbereiten,
singen deine Engel: Friede auf Erden.
Daß wir aus ganzem Herzen und
mit jeder Faser unseres Verstandes mitsingen:
Friede auf Erden,
dazu begeistere uns mit all deiner Macht.
Gott, du bist mit uns,
zuerst mit deinem Volk Israel;
seit der Geburt in Bethlehem
gelten deine Verheißungen auch uns.
Wir glauben an deine Treue, darum bitten wir:
Erinnere dich an dein jüdisches Volk,
das von außen und innen bedroht ist
durch Gewalt und Unrecht.
Daß dein Friede sich zuerst da ausbreite,
wo Jesus geboren wurde und gelebt hat,
das höre als unsere ehrliche und feste Bitte
in dieser Heiligen Nacht.   *H.K.*

Gott von Ewigkeit zu Ewigkeit,
am Abend dieses Tages und am Abend dieses Jahres
sind wir vor dir versammelt,
um Dank zu sagen für die geschenkte Zeit.
Laß uns bewahren, was gut war,
und vergeben, was zu vergeben ist.
Laß uns in dir verwurzelt bleiben,
damit wir erleben dürfen,
was wir jetzt miteinander singen:

> Du Gott stützt mich, du Gott stärkst mich,
> Du Gott machst mir Mut.

Gott von Ewigkeit zu Ewigkeit,
viele Probleme aus dem vergangenen Jahr
liegen schwer auf uns an diesem Abend.
Wir wollen unsere Sorgen für diese Welt in der
Stille noch einmal vor dir ausbreiten.
(Stille)
Gott, wir glauben, hilf unserem Unglauben,
damit wir erleben dürfen,
was wir jetzt miteinander singen:

> Du Gott stützt mich, du Gott stärkst mich,
> Du Gott machst mir Mut.

Gott von Ewigkeit zu Ewigkeit,
weil vor dir jedes einzelne Kind,
jede Frau und jeder Mann zählt,
bitten wir dich für alle,
die keine Kraft mehr haben
für die Hoffnung auf bessere Zeiten.
Laß sie glaubwürdigen Christinnen und Christen
begegnen, auch in uns,
damit sie erleben können,
was wir jetzt miteinander singen:

> Du Gott stützt mich, du Gott stärkst mich,
> Du Gott machst mir Mut.

* *(Kehrvers von Dorle Schönhals-Schlaudt, s. S. 41)*   H.K.

Gott des Lebendigen,
deine Kraft,
dein Geist
sind stärker
als aller Tod.

Deshalb
laß uns neue Hoffnung erblühen,
wo alles aussichtslos scheint;
laß uns befreiendes Lachen wagen,
wo alles die Kehle zuschnürt;
laß uns langen Atem haben,
wo alles Leben verhaucht.

Denn du, Gott,
heißt uns aufstehen
gegen den Tod
mitten im Leben
durch deine Kraft
und deinen Geist. Amen.

V.S.W.

Gott,
du bist alles in allem,
wir können hoffen,
daß du uns Kraft schenkst
zum Aufstehen
gegen Gleichgültigkeit,
für die Aufmerksamkeit,
gegen Mißmut,
für die Hoffnung,
gegen Unterdrückung,
für den Widerstand,
gegen Unrecht,
für das Recht,
gegen Haß,
für die Liebe,
gegen Armut,
für die Fülle,
gegen Angst,
für das Vertrauen,
gegen den Tod,
für das Leben.
Gott,
du bist alles in allem,
wir können hoffen,
daß du uns Kraft schenkst
zum Aufstehen – für das Leben.

H.R.

Du Gott des Lebens,
führe uns hinein
in deine Fülle
und schenke uns die Kraft,
im Gegenüber zu dir
göttlich zu handeln.

Laß uns festhalten
an der Hoffnung,
daß das Dunkel des Grabes
der Ort ist, wo wir auf das Licht warten.

Laß uns festhalten
an der Gewißheit,
daß wir mitten in tödlicher Herrschaft
vom Leben umfangen sind.

Laß uns festhalten
am Vertrauen,
daß du uns mit schöpferischer Kraft begabt hast,
Leben zu bewahren.

Laß uns festhalten
an der Auferstehungshoffnung,
daß wir in der Nähe zu dir
die Kraft und Liebe
zum gerechten Tun gewinnen.

Du Gott des Lebens,
führe uns hinein
in deine Fülle
und schenke uns die Kraft,
im Gegenüber zu dir
göttlich zu handeln.

H.R.

Gott, du Licht von Ostern her,
Christus ist auferstanden,
und wir brauchen unsere Hoffnungen
nicht zu Grabe zu tragen,
– die Hoffnung,
    daß wir uns nicht länger
    gegeneinander ausspielen lassen;
– die Hoffnung,
    daß nicht nur wir, sondern auch alle anderen
    sich ändern können;
– die Hoffnung,
    daß das Leben dieser Schöpfung
    sich als stärker erweist
    als die Todesstrukturen aus Macht und Geld.
Gott, an Ostern haben wir viele Hoffnungen
und lassen sie blühen wie die Blumen im Frühling.
Der Duft der Hoffnungsblumen soll uns Mut machen,
– Mut, an uns zu arbeiten;
– Mut, an den sich wandelnden Rollenbildern zu arbeiten,
    damit Menschen nicht eingeengt werden;
– Mut, am Bild der Kirche zu arbeiten,
    daß sie Raum gibt allen Gaben deiner Gnade.
Du hast uns gestärkt durch Brot und Traubensaft.
Wir werden uns gegenseitig bestärken,
gemeinsam der Resignation Einhalt gebieten
und uns mit nicht weniger abfinden
als deinem Reich der Gerechtigkeit und des Friedens.
Du hast uns mit vielen Fähigkeiten geschaffen,
wir wollen uns gegenseitig befähigen,
über unsere Schwächen hinauszuwachsen,
daß wir gemeinsam die Frucht der Gerechtigkeit in Frieden
säen und so wirklich tun, was wir beten.
Zu Jakobus 3, 18

Gott Israels und aller Welt,
wir bitten dich heute am Israelsonntag:
Gib uns den Mut, unsere Geschichte als Kirche
und als Deutsche
mit dem Volk Israel in Trauer zu erinnern.
Laß unter uns Freude und Interesse
am jüdischen Erbe wachsen,
damit in der kommenden Generation
christliche und jüdische Gemeinden
sich näher kommen können.
Wir blicken heute besonders voller Sorge
auf das Leid der Menschen in dem Land,
das für die einen Palästina, für die anderen Israel heißt.
Wie schrecklich sich wieder bewahrheitet,
daß Menschen, die viel gelitten haben
und, von Leid gezeichnet,
mit Narben, Ecken und Kanten davongekommen sind,
andere ungerecht und hart behandeln.
Das palästinensische Volk trägt jetzt die Folgen dessen,
was wir und andere Israel angetan haben.
Gott, wann hat diese Spirale von Leid, Tod, Schmerz
und Unterdrückung ein Ende?
Wir können das Ende nicht sehen.
Trotzdem bitten wir dich:
Laß doch das Land, durch das Jesus gegangen ist,
nicht länger aufgewühlt werden von Haß und Krieg.
Wir beten weiter wie Jesus...

H.K.

Volkstrauertag

Unser Gott,
nicht für die Ehre
der Herrschenden
sind die Söhne, Väter und Brüder
gefallen.
Es gibt keine Ehre der Gewalt
und des Todes.
Aber es gibt eine Ehre des Lebens
für Mütter, Kinder, Frauen und Schwestern;
Solidarität derer, die trauern.

Unser Gott, laß diese Trauer
in einen fruchtbaren Widerstand wachsen
gegen kriegerischen Tod.
Schenke uns die Klarheit, nein zu sagen
zur Ehre der Denkmäler.
Auf unseren Feldern der Ehre
soll Leben werden.

H.R.

Gott, Quelle und Ziel unseres Lebens,
heute breiten wir vor dir noch einmal aus
alles, was zu Ende gegangen ist
im vergangenen Kirchenjahr,
alles, was wir hinter uns lassen mußten,
alles, was uns angetan wurde,
alles, was wir anderen schuldig geblieben sind.
Wir wollen in dir ruhen lassen, was nicht mehr
zu ändern ist,
und bitten dich, stärke und ermutige uns
für ein neues Jahr,
auf daß wir heilen können, was noch heil werden kann,
und wachsam bleiben dafür,
wo wir einen Unterschied machen können.
Am Ende des Kirchenjahres stehen wir vor dir, Gott,
und denken an die,
deren Leben vor unserem vollendet war,

und an die, die in unserer Mitte trauern um...
(Name und Alter der Verstorbenen des Kirchenjahres)
Für sie alle brennen Kerzen auf deinem Altar.
Wir legen sie, die uns nahe waren und bleiben,
in deine Hände.
Du bewahrst sie voller und bunter, als wir das können.
Auch die, deren Namen wir nicht genannt haben,
sind bei dir aufgehoben.
Auch für sie brennt eine Kerze auf deinem Altar.
Gott, erinnere uns mit dem Licht dieser Kerzen
an das, was bleibt.

Gott, am Ende des Kirchenjahres stehen wir wieder vor dir.
Wir denken an das Vergangene.
Wir trauern um das, was wir verloren haben.
Der Nebel, die kahlen Bäume,
die immer länger werdenden Nachtstunden,
die Welt um uns klingt zusammen mit den Tönen in uns.
Jetzt ist die Zeit des Rückzugs.
Jetzt ist die Zeit der Trauer über das, was wir versäumt
haben,
und das, was uns genommen wurde.
Jetzt ist die Zeit der Tränen, sichtbarer und unsichtbarer.
Dieses alte Kirchenjahr muß heute zu Ende gehen,
damit das neue anfangen kann.
Wie die kahlen Bäume sich jetzt erneuern
und in der Ruhe Kraft sammeln,
so ist unser Rückzug und unser Weinen nötig,
damit aus dem, was hinter uns liegt,
Neues wachsen kann.
Gott, vor dir hoffen wir,
daß du auch dann noch da bist,
wenn uns alle anderen weit weg scheinen,
daß du jede Träne, die wir weinen,
sammelst in deinem Krug
und irgendwann unsere neuen Keime gießt. Amen.

H.K.

Ich will dich segnen, und du sollst ein Segen sein
Segensworte

Die jüdische Theologin Evelyn Goodman-Thau hat das Segnen so erklärt: Segnen ist Gott am Leben halten und das »Wilde« mit Gottes Möglichkeiten füllen.

Menschen wollen gesegnet werden. In Seminargottesdiensten und Werkstätten, nach längerem Beisammensein ist es schön, einander mit einem persönlichen Segen zu verabschieden. Dies geschieht mit dem Wunsch, daß Gottes Segen weiter trägt als unsere Worte.

Eine Umarmung, ein Händedruck, liebevoll stärkende Worte erleichtern uns den Aufbruch in den Alltag.

So kann auch der Abschied an der Kirchentür, das persönliche Gespräch, vielleicht sogar bei einer Tasse Tee, noch Teil des Gottesdienstsegens sein und wird auch so in mancher Gemeinde gepflegt.

Der Segen
und die Güte Gottes
führe uns
von der Ungerechtigkeit
zur Gerechtigkeit.

Der Segen
und die Güte Gottes
führe uns
von den Ersten
zu den Letzten.

Der Segen
und die Güte Gottes
führe uns
vom Krieg
zum Frieden.   *H.R.*

❦ Gott,
segne uns mit der Gewißheit,
daß der Stein vor dem Grabe
aufgehoben ist,
führe unsere Trauer
in eine neue lebendige Kraft
und laß es geschehen,
daß wir aufbrechen können.   *H.R.*

Gott,
segne uns mit Liebe zum Leben,
wie sie die Frauen am Grab erfahren haben.

Gott,
behüte unsere Wachsamkeit,
bewahre unseren Sinn für Gerechtigkeit
und schenke uns die Hoffnung,
daß wir vom Tode auferstehen.   *H.R.*

Geht hin mit Maria –
Der Morgen erwacht.
Eure Verzeiflung wird sich wandeln
in Verstehen
eure Traurigkeit in Mut
und eure Angst in Liebe.

W.P.

Führe uns vom Tod zum Leben,
von Falschheit zu Wahrheit.
Führe uns von Verzweiflung zu Hoffnung,
von Angst zu Trost.
Laß Frieden erfüllen
unsere Herzen,
unsere Erde,
unsere Welt.
Laß uns zusammen träumen,
zusammen beten,
zusammen arbeiten
an der einen Welt
des Friedens und
der Gerechtigkeit für alle.

Herkunft unbekannt

Gott segne uns und behüte uns.
Gott blicke uns freundlich an und sei uns gnädig.
Gott sei uns nahe
und schenke uns (und der ganzen Schöpfung) Frieden.

Die Gnade Jesu Christ und die Liebe Gottes
und die Gemeinschaft Heiligen Geistes sei mit uns allen.

Du, Gott des Friedens,
laß das Feuer des Geistes unsere Herzen erwärmen,
unsere Gedanken beflügeln
und unsere Kräfte in Bewegung setzen,
so daß Gerechtigkeit wächst und deine Freude alles erfüllt.

Gott behüte uns vor allem Übel.
Gott behüte unsere Seele.
Gott behüte unseren Ausgang und Eingang
von nun an bis in Ewigkeit.

Gott, segne uns und behüte uns.
Gott, laß dein Angesicht leuchten über uns
und sei uns gnädig.
Gott, hebe dein Angesicht auf uns und gib uns Frieden.

Gott segne uns und schenke uns Freude.
Gott gebe uns Brot zu essen
und Kraft, aus der wir leben können.
Gott lasse das Brot, das wir teilen,
und das Wasser, mit dem wir taufen,
zum Segen werden, heute und alle Tage.

Gottes Segen leuchte uns
wie das Licht am Ostermorgen.
Gottes Friede begleite uns.
Gottes Liebe beflügle uns.
Gottes Freude rühre uns an.
Christus ist auferstanden.
In diesem Glauben segne uns Gott.

Gott segne uns und behüte uns.
Gottes Wort leuchte uns den Weg.
Gottes Geist sei uns Schutz und Schirm vor allem Argen,
Stärke und Hilfe zu allem Guten.
So wahr Jesus lebt.

Gott segne und behüte uns.
Gottes Geist beflügle unsere Phantasie.
Gottes Atem lebe in unseren Träumen.
Gott begleite uns auf jedem Schritt in das neue Jerusalem,
heute, morgen und alle Tage.

Gott segne uns und behüte uns
und begleite uns überall dort, wo wir sind.
Gott segne die noch Verlorenen, die Wiedergefundenen
und die, die sich noch schwer tun, an dem Fest teilzunehmen,
das für uns bereitet ist.
Gott segne uns mit der Liebe,
Gott segne unseren Blick zurück
die wir mit vollen Händen verschwenden können.

Gott segne unseren Blick zurück
und unseren Schritt nach vorn.
Gott segne uns,
daß wir nicht nur das Brausen hören,
sondern auch das leise Säuseln des Windes,
der weht, wo er will.
Gott segne uns,
daß der Duft, den der Wind herbeiträgt,
in unseren Nasen
den Geruch einer neuen Welt verbreitet.
Gott segne uns,
daß die Hoffnung auf Gerechtigkeit und Liebe,
die Sehnsucht nach Zärtlichkeit und Frieden
auf den Flügeln des Windes zu uns reiten.
Gott segne uns,
daß wir vom Wind der Zukunft ergriffen werden,
der uns von dort entgegenkommt,
wohin wir nicht mit eigener Macht,
aber mit Gottes Hilfe gelangen werden.
Gottes Segen begleite uns
in das Fest und in den Alltag.

Gott segne uns und behüte uns.
Jesu Beispiel beflügle unsere eigene Kraft.
In uns allen lebe Gottes Segen.

H.K.

Gott allen Trostes und aller Verheißung,
segne uns und behüte uns;
begleite uns mit deiner Liebe,
die uns trägt und fordert;
laß dein Angesicht leuchten über uns
und sei uns gnädig,
denn deine Güte schafft neues Leben;
wende dein Angesicht uns zu
und schenke uns Heil;
lege deinen Namen auf uns,
und wir sind gesegnet.

Christel Voß-Goldstein

Jesu Mut beflügle unser Reden.
Gottes Geist stärke unsere Gemeinschaft.
Das Reich Gottes wachse mitten unter uns.

H.K.

Gott, segne uns und behüte uns.
Gott, schütze unser Leben und bewahre unsere Hoffnung.
Gott, laß dein Angesicht leuchten über uns,
daß wir leuchten können für andere.
Gott, erhebe dein Angesicht auf uns und halte uns fest
im Glauben, daß das Leben lebendiger ist als der Tod.

H.K.

Das Licht der Vergebung erhelle uns den Weg.
Der Baum des Friedens gebe uns Schatten.
Die Welle der Liebe trage uns über das Meer.
Die Kraft der Verwurzelung lasse uns beweglich sein.
Gottes Segen fließe durch unsere Hände und Füße,
damit wir, von Gott gesegnet,
für andere ein Segen sein können.

H.K.

Gott, segne uns die Erde, auf der wir jetzt stehen.
Gott, segne uns den Weg, den wir jetzt gehen.
Gott, segne uns das Ziel, für das wir jetzt leben.
Du Immerdar und Immerdar,
segne uns auch, wenn wir rasten.
Segne uns das, was unser Wille sucht.
Segne uns das, was unsere Liebe braucht.
Segne uns das, worauf unsere Hoffnung ruht.
Gott, segne unseren Blick,
auf daß wir, von dir gesegnet,
einander zum Segen werden können.

Nach irischen Segenswünschen

Gott segne uns und behüte uns
Gott gebe uns Liebe wo Haß ist,
        Kraft wo Schwachheit lähmt,
        Toleranz wo Ungeduld herrscht,
        Offenheit wo alles festgefahren scheint.
So sei Gottes Segen mit uns allen,
beflügle unsere Hoffnung
und begleite uns wie ein Licht in der Nacht.

Morgengebet Bad Boll   *H.K.*

Wir gehen in diese Nacht und in die kommenden Tage
im Vertrauen darauf, daß wir auf allen Wegen,
die wir zu gehen haben,
nicht allein gelassen, sondern begleitet sind
von Gottes Segen.
Gottes Segen komme zu uns –
stärkend und mutmachend,
Gottes Segen befreie uns
und lasse uns aufstehen in erfülltes Leben –
uns Männer und Frauen, Gottes Ebenbilder.
Nehmt den Segen Gottes mit euch
und teilt davon aus – wem immer ihr begegnet.

E.B.

Unser Abendgebet steige auf zu dir, Gott
und es senke sich auf uns herab dein Erbarmen.
Dein ist der Tag und dein ist die Nacht.
Laß, wenn des Tages Schein verlischt,
das Licht deiner Wahrheit uns leuchten.
Geleite uns zur Ruhe der Nacht
und dereinst zur ewigen Vollendung.

Altkirchlich

Laßt uns nun auseinandergehen
in die Nacht und alle kommenden Nächte und Tage,
indem wir an dem Bund festhalten.
Denn wir wissen, daß wir in Christus
nicht mehr Fremdlinge und geduldete Ausländer sind,
sondern Gottes geliebte Kinder,
Ebenbilder Gottes, berufen zur Liebe untereinander.
In diesem Glauben segne und behüte uns Gott.

H.K.

Segen für einzelne

Ich wünsche dir den Frieden der Meeresdünung,
den Frieden einer sanften Brise,
den Frieden der schweigsamen Erde,
den Frieden einer klaren Sternennacht.
Ich wünsche dir den Frieden Jesu Christi,
der unser Friede ist für alle Zeit.

Irischer Segen

Gott sei vor dir,
um dir den Weg zur Befreiung zu zeigen.
Gott sei hinter dir,
um dir den Rücken zu stärken
für den aufrechten Gang.
Gott sei neben dir –
eine gute Freundin an deiner Seite.
Gott sei um dich
wie ein schönes Kleid und eine wärmende
Alpacadecke, wenn Kälte dich blaß macht,
Beziehungslosigkeit dich frieren läßt.
Gott sei in dir und weite dein Herz –
zu lieben und zu kämpfen.

Beispiel für eine Variation des alten irischen Reisesegens   *R.E.*

Frau Weisheit, segne mich

Sophia, Göttin der Weisheit, segne mein Tun!

Sophia, Göttin der Weisheit,
segne meine Balance:
– ich bin nicht vollkommen,
– ich schaffe nicht die heile Welt,
– ich bin nicht gehorsam.

Sophia, Göttin der Weisheit,
segne meine Einsicht:
– ich schaue auf die Ordnung der Tiere,
– ich bedenke die Folgen meines Tuns,
– ich kenne meine eigene Schwäche.

Sophia, Göttin der Weisheit,
du Baum des Lebens,
du Freundin der Menschen,
du Licht auf dem Weg,
segne deine Kinder,
laß sie trinken an deiner Brust.

H. Str.

Gott erschrecke dich in Blitz und Donner.
Gott berühre dich wie ein Lufthauch.
Gott wärme dich wie die Strahlen der Sonne.
Gott tränke dich wie ein Landregen.
Gott verändere dich wie ein Gewitterregen.
Gott rufe dich wie mit Vogelstimmen.

H. Str.

Segen für den Sohn, der erwachsen wird

Du atmest die Luft zum Leben in deinem Freundeskreis.
Du offenbarst deine innersten Beweggründe
deiner Geliebten.
Du suchst deinen Berufsweg im Dickicht der Angebote.
Du gehst den falschen Weg und kehrst um.
Du erlebst Abenteuer, du träumst vom Reisen.
Du trauerst, du holst Trost in der Musik.

Gott segne dich
und schaue deinen Wegen
groß und gelassen zu.

H. Str.

Segen über Neugeborenen

Gott segne dich, mein Kind:
- möge das Wasser, das du trinkst,
  frei sein von Gift;
- möge die Straße, die du gehst,
  gesperrt sein für Raser;
- möge die Schule, die du besuchst,
  offen sein für deine Träume;
- möge die Familie, die du gründest,
  stark sein gegen Überforderung;
- möge der Tod, den du stirbst,
  frei sein von Gewalt;
- mögest du nie tiefer fallen
  als in Gottes Hand.

Gott segne dich, mein Kind!

H. Str.

Segen über einer alten Frau

Gott segne die Jahre deines Lebens.
Gott schaue auf die Jahre der Fülle und die Jahre der Not.
Gott tanze mit der Freude deiner Jugend.
Gott lächle über die Blüten deines Humors.
Gott weine mit dir in deiner Trauer und Verlassenheit.
Gott hege und bewahre deine Träume und Hoffnungen.
Gott streichle sanft über deine faltigen Wangen.
Gott höre deinen Phantasien leise zu.
Gott zürne über die bösen Angriffe gegen dich.
Gott heile deine tiefen Verwundungen.
Gott sehe und höre, was du anderen angetan hast.
Gott nehme dich liebevoll in die Arme.
Gott führe dich in das Reich der Liebe.

H. Str.

Tanz-Segen

Tanzend durchschreite die Räume,
schwingend durchspringe die Lüfte,
stampfend rufe die Geister,
hüpfend genieße die Gräser,
schleifend ertaste den Boden,
keuchend verlasse das Denken,
schwitzend spüre den Körper!

So durchtanze das Haus dieser Erde –
so sei gesegnet, Tänzer und Tänzerin.

H. Str.

Die Wälder leuchten in dunklem Grün,
sie spenden Luft zum Atmen für alles, was lebt.

Die Wolken türmen sich hinter den Bergen auf,
sie spenden Wasser zum Wachsen für alles, was lebt.

Gott segne Wälder und Wolken!
Gott segne Wasser und Luft!

H. Str.

Gott – du Schale voll lebendigen Wassers
– erfrische uns.
Gott – du Schale voll reifer Früchte
– ernähre uns.
Gott – du Schale voll würzigen Brotes
– stärke uns.
Gott – du Schale voll hellen Lichtes
– erleuchte uns.
Gott – du Schale voll brennenden Feuers
– erwärme uns.

Gott – du Schale voll edler Steine
– bereichere uns.
Gott – du Schale voll tiefroten Weins
– durchblute uns.
Gott – du Schale voll duftender Kräuter
– erde uns.
Gott – du Schale voll heilenden Öles
– salbe uns.
Gott – du Schale voll guter Erde
– bedecke uns.

H. Str.

Gesegnet die Wälder, Wiesen und Berge.
Gesegnet die Wohnungen der Menschen.
Gesegnet die Tiere, Pflanzen und Steine.
Gesegnet die Musikanten auf der Alm.
Gesegnet die Menschen in den Autos auf den Straßen.
Gesegnet die Menschen auf den Wanderwegen.
Gesegnet die Kinder, die hier aufwachsen.
Gesegnet die Arbeit von Männern und Frauen.
Gesegnet die Alten auf ihrer Bank vor dem Haus.
Gesegnet die Toten auf den Friedhöfen der Dörfer.

H. Str.

Gott stärke dich

Gott   stärke   dich,   Gottes

Geist er-   fül- le   dich,   geh deinen

Weg,   geh deinen Weg in   Freu- de.

Text: Andrea Bauer / Kanon: Bernd Schlaudt
(Rechte bei Autorin und Autor)

»GOTT STÄRKE DICH«:
Im Kreis stehen, die Handflächen
aneinanderlegen.
Den Energiekreis spüren.

»GOTTES GEIST ERFÜLLE DICH«:
Die Hände so vor den Körper führen,
als seien wir Empfangende.

»GEH DEINEN WEG,
GEH DEINEN WEG IN FREUDE«:
Das Empfangene weitertragen,
indem Schritte nach rechts getanzt werden.

Tanzbeschreibung: Dorle Schönhals-Schlaudt

Der Morgen fließt

Der Morgen fließt in Abend ü - ber,
die Ruhe nimmt das Er - be auf.
Wir geben ab, wir legen nieder,
und Segen füllt die Erde auf.

Text: Heidi Rosenstock / Kanon: Bernd Schlaudt
(Rechte bei Autorin und Autor)

»DER MORGEN FLIESST IN ABEND ÜBER«:
Hände und Arme vor dem Körper in einem
großen Kreis herumführen.

»DIE RUHE NIMMT DAS ERBE AUF«:
Hände ruhen vor dem Körper so, als hielten
sie etwas besonders Kostbares.

»WIR GEBEN AB, WIR LEGEN NIEDER«:
In der Gebärde dem Text nachgehen – abgeben,
ablegen, gleichzeitig kann sich der Oberkörper
etwas nach vorne beugen.

»UND SEGEN FÜLLT DIE ERDE AUF«:
Arme und Hände nach außen führen, den
Körper aufrichten – der »Segensfülle« nachspüren.

Tanzbeschreibung: Dorle Schönhals-Schlaudt

In den Gärten der Gerechtigkeit

In den Gärten der Gerechtigkeit wachsen die Wunder von unten

instrumental:

2. In den Händen
   der Liebe
   wachsen
   die Wurzeln,
   die halten.

3. In den Augen
   des Vertrauens
   wachsen
   die Lichter,
   die wärmen.

4. In den Gärten
   der Freiheit
   wachsen
   die Himmel,
   die atmen.

5. In den Gärten
   der Gerechtigkeit
   wachsen
   die Wunder
   von unten.

Text: Heidi Rosenstock / Musik: Bernd Schlaudt
(Rechte bei Autorin und Autor)

Ich wünsch dir Freundinnen

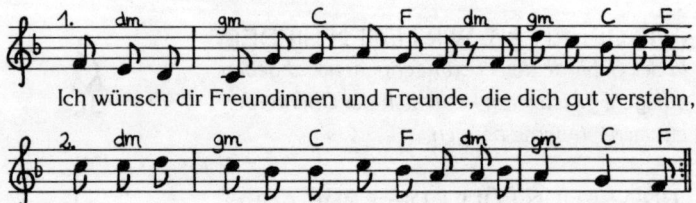

Ich wünsch dir Freundinnen und Freunde, die dich gut verstehn, und Gottes Segen soll auf allen Wegen mit dir gehn.

Kanon: Bernd Schlaudt (Rechte beim Autor)

Brot und Wein teilen

Abendmahl

Der ursprüngliche Charakter des Abendmahls ist die Danksagung und die Mahlgemeinschaft als Hinweis und Vorwegnahme der ewigen Gemeinschaft mit Christus.

In manchen Gemeinden wird die Abendmahlsfeier traditionell noch mit Beichte und Absolution verbunden. Mittelpunkt der Abendmahlsliturgie ist jedoch das Dankgebet, die Präfation, es gehört zum ältesten liturgischen Gut unserer Kirche und hat sich neben den Einsetzungsworten in unserer Mahlfeier als liturgischer Teil behauptet.

Die Nähe Gottes in Brot und Wein zu erfahren und die geschwisterliche Gemeinschaft im Teilen zu erleben, dazu laden wir mit Gebet und Meditation ein.

In vielen Gemeinden wird aus gesundheitlichen Gründen auf Wein verzichtet und Saft gereicht. Dies erleichtert es uns, mit den Kindern zusammen das Abendmahl zu feiern.

Die neuen Lieder, die zur Feier des Abendmahls entstanden sind, helfen gerade auch den Kindern, den Sinn dieser Feier zu verstehen.

Voten

Wir feiern diesen Abendmahlsgottesdienst
im Namen Gottes.
Gott ist die Kraft, die Leben gebiert.
Jesus Christus hat mit der eigenen Kraft andere gestärkt.
In Gottes Geist können wir uns in Schwächen beistehen
und an Stärken freuen.

Wir beginnen diesen Abendmahlsgottesdienst
im Namen Gottes.
Gott ist der Atem alles Lebendigen.
Jesus Christus hat in dieser Welt menschlich gelebt
und uns zur Erinnerung das Abendmahl geschenkt.
Gottes Geist läßt unsere Sehnsucht nach Gerechtigkeit
immer wieder stärker sein als unsere Resignation.

Im Namen Gottes feiern wir diesen Abendmahlsgottesdienst.
Gott ist die Quelle ungeahnter Möglichkeiten.
Jesus Christus ist das Brot des Lebens.
Gottes Geist bewegt uns, damit wir teilen und leben.

Wir beginnen unseren Feierabendmahlsgottesdienst
im Namen Gottes.
Heute abend treffen wir uns,
um Brot und Traubensaft zu teilen, um miteinander zu essen,
weil Jesus dies auch getan hat.
Für uns heißt der Tag Gründonnerstag,
für Jesus war es der Beginn des Pessachfestes.
Pessach oder Passah, das Fest der Befreiung,
erinnert daran,
daß Gott mit den Flüchtlingen unterwegs ist
aus der Sklaverei in Ägypten
in ein Land, wo Milch und Honig fließt,
aber vorher auch durch die scheinbar endlose Wüste.

Jesus hat dieses Fest der Befreiung im Angesicht seines
eigenen Todes gefeiert.
Wir feiern Abendmahl,
weil wir uns an Jesus erinnern und glauben,
daß Gott uns durch Brot und Traubensaft stärkt,
heute im Sinne Jesu zu leben.

Wir beginnen unseren Abendmahlsgottesdienst heute
an Karfreitag im Namen Gottes.
Gott ist die Quelle des Lebens,
eine Quelle, die kein Tod zum Versiegen bringt.
Jesus von Nazareth hat als Mensch auf dieser Erde gelebt,
von der Geburt in ärmlichen Verhältnissen
bis zum Tod am Kreuz der römischen Besatzungsmacht.
Gottes Geist macht uns Mut,
trotz der Tode, die damals und heute gestorben werden,
die Hoffnung auf das Leben nicht zu verlieren.

H.K.

Meditationen und Gebete

Nicht Brot – so grau wie unsere Hoffnung.
Nicht Brot – so fade wie unser Tun.
Nicht Brot – so rissig wie unsere Gedanken.
Nicht Brot – so hart wie unsere Herzen.

Das Brot liegt auf deinen Händen.
Es ist weich und warm.
Die knusprige Rinde kracht.
Würziger Duft kitzelt dir in der Nase.
Deine Augen lachen und freuen sich
an diesem tiefen Braun.
Das Brot lockt.
Deine Finger streichen über Kanten und Rundung,
brechen schließlich ein herzhaftes Stück heraus.
Du schmeckst das Korn, das Mehl, die Würze
– die Hitze des Backofens und die Weite des Feldes.
Das Brot verspricht und hält sein Versprechen.
Es ist Nahrung für die Sinne und macht den Körper satt.
Brot ist Leben.
Leben ist Brot.

Dorrit Fischer u.a.

Die Spaltung unserer Welt in
    Starke und Schwache, Betitelte und Namenlose,
    Wohlhabende und Nichtshabende,
    Regierende und Regierte,
    Kopfarbeitende und Handarbeitende,
    Vornehme und Einfache,
    Glückskinder und Pechvögel –
an Gottes Tisch soll sie zu Ende sein,
endlich einmal keine Rolle mehr spielen,
wenigstens für die Zeit der Tischgemeinschaft.

Das symoblische Teilen von Brot und Wein/Traubensaft
zielt auf das wirkliche Teilen.
Das Mitsein Gottes erfüllt sich
im Miteinandersein der Geschwister:
– im Warten aufeinander,
– im Aufmerksamsein füreinander,
– im Teilen miteinander.
Erst wo das Teilen beginnt, hört der Hunger auf.
Wo wir das Mahl feiern,
ohne das »Brot für die Welt« zu teilen,
setzen wir die Tischgemeinschaft aufs Spiel.

Nach Dorrit Fischer u.a.

Auf dem Altar stehen Brot und Traubensaft.
Wir danken für diese Gaben Gottes.

Bin ich reich? Wodurch?
Kann ich abgeben? Wem?
Kommt das Wollen bei mir auch zum Tun? Wie?
Andere sind schlechter dran als ich. Wer?
Es gibt Mangel und Überfluß. Wo?

Christus wurde arm um meinetwillen. Wieso?
Wer Frieden will, muß für Gerechtigkeit einstehen.
Kann ich das?
Frieden braucht Gerechtigkeit. Auch meine.

Dorrit Fischer u.a.

Gepriesen seist du, Gott, Quelle des Lebens.
Du schenkst uns das Brot,
die Frucht der Erde und der menschlichen Arbeit.
Wir danken dir mit dem Brot für alles,
was wir nötig haben wie Brot,
für die Luft, die wir atmen,
für Menschen, die unser Leben teilen,
für den Frieden,
für deine Nähe in Worten und Zeichen.
Laß dieses Brot für uns
zum Brot des Lebens werden.

Gepriesen seist du, Gott, Quelle des Lebens.
Du schenkst uns den Saft der Trauben,
die Frucht des Weinstocks
und der menschlichen Arbeit.
Wir danken dir mit dem Saft der Trauben
für alles, was wir genießen...
für die Sonne und den Nachthimmel,
für Liebe (und Freundschaft),
die uns geschenkt wird,
für Zeiten der Stille und der Erholung.
Laß diesen Saft der Trauben für uns
zum Trank des ewigen Lebens werden.

Wie die Körner, einst verstreut in den Feldern,
und die Beeren, einst zerstreut auf den Bergen,
jetzt auf diesem Tisch vereint sind
in Brot und Saft,
so laß dein ganzes Volk bald versammelt werden
von den Enden der Erde in deinem Reich.
Unter Verwendung eines Gebetes von Christian Zippert.   H.K.

Wir haben so viel, zum Staunen viel.
Wir haben unser Auskommen und oft mehr.
Wir können unser Leben schön machen.
Menschen sind da,
mit denen wir unser Leben teilen können.
Kräfte sind uns gegeben,
zu sehen, was nötig ist, zu tun, was hilft.
Tage und Stunden fallen uns zu,
an denen wir uns freuen,
über uns selbst, über die Freude anderer,
über ein geglücktes Wagnis,
über einen Sonnnenstrahl.
Wirklich, wir haben so viel, Gott,
es ist zum Staunen.
So viel hast du uns geschenkt.

Wir danken dir, weil wir leben, morgen und heute,
wie wir gestern und alle Tage gelebt haben
aus deiner Gnade, Gott.
Wir nehmen von dieser Erde
Brot und Saft der Trauben,
Früchte menschlicher Arbeit,
von dir, Gott, gemacht zu Gaben,
die uns zum Leben stärken.
Wir danken dir, weil wir leben
hier und jetzt, mühsam und voller Freude.

Weil wir hoffen,
daß unser Leben in dir verwurzelt bleibt,
erinnern wir uns an das erste Abendmahl
und hören die Einsetzungsworte...
Unter Verwendung eines Gebetes von Huub Osterhuis
und der Agende von Kurhessen-Waldeck   *H.K.*

Gott, weißt du,
was unsere Ohren alles zu hören bekommen?
Das Geschwätz des Alltags,
den Klatsch, der uns in die Ohren geblasen wird,
die Klagen der immer Unzufriedenen,
die Schreckensmeldungen der Nachrichten,
das Geschrei derer, die immer recht behalten wollen.
Es ist viel.
Es ist laut.
Es ist laut auch in uns,
so laut,
daß wir die eigene Stimme kaum hören;
die leise Frage: Wovon werden wir satt?
der tiefe Seufzer: Wo wird unser Durst gestillt?
Was hast du eben gesagt?
Es war so laut, Gott.
Laß mich hören.

Dorothee Eggert

Auf dem Altar stehen Brot und Traubensaft.
Wir danken Gott für diese Gaben.
Du, Gott, hast die Welt geschaffen.
Wir danken dir für alles, was wir sind und haben.
Du segnest unsere Arbeit
und schenkst uns Leben und Freude.
Wir danken dir mit dem Brot
für alles, was unseren Hunger stillt.
Wir danken dir mit dem Saft der Trauben
für alles, was wir genießen,
und für alles, was uns Freude macht.
Wir danken dir,
daß Jesus uns Brot und Traubensaft
zu Zeichen deiner Liebe gemacht hat.

H.K.

Brot,
ein Wunder aus Erde, Wasser und Sonne.
Leben auf der Zunge,
Brot des Lebens.
Widerstandskraft
gegen den zugefügten Tod.

Und wenn wir es teilen,
gewinnen wir Freunde (und Freundinnen),
Schwestern und Brüder.

Wein *(Saft der Trauben)*,
ein Wunder aus Sonne, Erde und Wasser.
Licht auf der Zunge,
Feuer in Geist und Herz,
Botschaft der Freude.
Und wenn wir ihn ausschenken,
knüpfen wir eine neue Verbindung
zu ... Gott (Freund der Menschen, Freundin der Erde).

Zeichen Gottes unter uns
teilen und schmecken
Brot und Wein (Saft der Trauben).

aus: Feiert Abendmahl – Eröffnungen

Gott, du Atem alles Lebendigen,
du stärkst uns an deinem Tisch
und machst uns mit Brot und Saft Mut,
auch den Mut, Neues zu wagen.
Wir bitten dich: Öffne unseren Mund,
– damit wir die klärenden Worte,
  die du in uns wachsen läßt, aussprechen;
– damit wir die Angst verlieren
  und merken, wenn unser Reden gefordert ist;
– damit wir beten können,
  wenn unsere nächsten Worte und Schritte fraglich sind.

Gott der Verstummten,
Jesus hat den Dämon der Stummheit hinausgeworfen
und Menschen geholfen,
die Sprachlosigkeit zu überwinden.
Wir wünschen uns,
daß auch wir im richtigen Moment
bei uns und bei anderen
den Dämon der Stummheit entdecken
und mit aller Macht hinauswerfen,
damit das Reich Gottes zu uns kommt,
heute und auf Erden.
Zu Markus 16, 9 – 20   *H.K.*

Wir denken zurück, und wir sehen nach vorn
voller Hoffnung für unsere Welt.
Reichgedeckte Gabentische finden sich
am Weihnachtsfest in vielen Häusern.
Bescheiden dagegen nehmen sich die Gaben
auf diesem Tisch aus: Brot und Traubensaft.
Doch sie sind sichtbare Zeichen dafür,
daß wir mit Jesus verbunden sind.
So einfach wie das Brot,
so notwendig wie die einfachsten Nahrungsmittel,
so gründet sich unsere Hoffnung auf Jesus.

Wie der Traubensaft
mehr ist als das notwendige Wasser,
so will Gott uns über das Lebensnotwendige hinaus
Freude schenken.

Gott des Lebens,
laß uns das Brot, das wir teilen,
zur Gemeinschaft mit dir und untereinander werden.
Stärke uns durch den Saft der Trauben
zu der Liebe, mit der du uns liebst.
Amen.
Unter Verwendung eines Textes von Jens Langer.   *H.K.*

Wir denken zurück, und wir sehen nach vorn
voller Hoffnung für unsere Welt.
An der Schwelle vom alten zum neuen Jahr
wollen wir uns gemeinsam im Abendmahl stärken.
Wir beenden ein Jahr als Kirchengemeinde
und versprechen uns im Namen Jesu,
auch im neuen Jahr miteinander auf dem Weg zu bleiben.
Brot und Traubensaft auf dem Altar
können dafür sichtbare Zeichen sein.
So notwendig wie das Brot,
so notwendig ist unsere Beziehung zu Gott,
und so notwendig ist unsere Gemeinschaft untereinander,
wenn wir miteinander auf dem Weg Jesu bleiben wollen.
So wie der Traubensaft
mehr ist als das lebensnotwendige Wasser,
so will Gott uns Segen schenken,
auf daß wir einander zum Segen werden können.
Wir erinnern uns, wie Jesus zum letzten Mal sich und die
Menschen, die ihm am nächsten standen, mit Brot und
Saft stärkte...
                                             H.K.

Wir nehmen Brot und Traubensaft,
Gaben der Schöpfung,
von Menschen zubereitet,
durch Jesus zu Zeichen der Liebe gemacht.
Und wir erinnern uns an das erste Abendmahl.
Es war kein festlicher Tag,
es war in der Nacht,
als ein Freund Jesus verriet,
in der Nacht, als sie Jesus gefangennahmen,
in der Nacht, bevor sie Jesus den Prozeß machten,
in der Nacht, bevor sie Jesus folterten,
in der Nacht, bevor sie Jesus kreuzigten,
in dieser Nacht,
als Jesus kommen sah, was geschehen würde,
da kam er mit denen zusammen,
die ihm am nächsten standen.
Jesus nahm das Brot in die Hände
und teilte es aus
und ließ es so zum Brot des Lebens werden.
Jesus nahm auch Traubensaft und teilte ihn aus.
Mit geteiltem Brot
und ausgeschenktem Saft der Trauben
stärkte er die Jüngerinnen und Jünger
und sich selbst.
Gestärkt
und mit dem Vorgeschmack auf den Tag,
an dem wirklich alles vollendet ist,
war der Tod nicht das Ende.
Das Leben erwies sich als lebendiger als der Tod.
Unter Verwendung eines Textes von Georg Kugler.   *H.K.*

Auf dem Altar stehen Brot und Traubensaft,
Zeichen der Hoffnung,
die Jesus noch in der letzten Nacht weitergeschenkt hat.
In Brot und Traubensaft
stärken wir unsere Sehnsucht nach einer Welt,
in der wir alle miteinander leben und gesättigt werden,
unsere Sehnsucht,
daß Lüge ein Fremdwort wird,
daß Tränen getrocknet werden,
daß niemand mehr lernt, Kriege zu führen,
daß alle sich um die eine bewohnbare Erde mühen,
daß die Hoffnung der Angst ins Gesicht blüht,
daß das Leben lebendiger ist als der Tod,
bis an jenem Tag all unsere Träume eingeholt werden
von Gottes Wirklichkeit.
Amen – so soll es sein.

H.K.

Brot, das uns stärkt

Text und Musik: Bernd Schlaudt (Rechte beim Autor)

Wir teilen Brot

Wir tei - len Brot,   wir tei - len Saft

und bit - ten Gott   um ne - ue Kraft,   das

Le - ben zu be - ste - hen.

Kanon: Bernd Schlaudt (Rechte beim Autor)

Sendungsworte bei der Austeilung

Christus spricht:
Nicht ihr habt mich erwählt, sondern ich
habe euch erwählt und euch dazu bestimmt,
daß ihr hingeht und Frucht tragt.   *(Joh. 15,16).*

Christus spricht:
Ich bin das Licht der Welt. Wer mir
nachfolgt, wird nicht wandeln in
Finsternis, sondern wird das Licht des
Lebens haben.   *(Joh. 8,12).*

Christus spricht:
Siehe, ich bin bei euch alle Tage bis an
der Welt Ende.   *(Matth. 28,20).*

Christus spricht:
Ich bin das Brot des Lebens. Wer von
diesem Brot ißt, wird leben in Ewigkeit.   *(Joh. 6,51)*.

Wer zu Christus gehört, ist ein neuer
Mensch. Das Alte ist vergangen, siehe,
Neues ist geworden.   *(2. Kor. 5,17)*.

Paulus spricht:
Wo Gottes Geist ist, da ist Freiheit.   *(2. Kor. 3,17)*.

So spricht Gott:
Mein Geist soll unter euch bleiben,
fürchtet euch nicht.   *(Hag. 2,5)*.

So spricht Gott:
Ich will dich unterweisen und dir den Weg
zeigen, den du gehen sollst. Ich will
dich mit meinen Augen leiten.   *(Ps. 32,8)*.

Gott spricht:
Ihr sollt in Freuden ausziehen und in
Frieden geleitet werden.   *(Jes. 55,12a)*.

Gott hat uns nicht gegeben den Geist der
Furcht, sondern der Kraft, der Liebe und
der Besonnenheit.   *(2. Tim. 1,7)*.

Gott spricht:
Euch, die ihr meinen Namen fürchtet, soll
aufgehen die Sonne der Gerechtigkeit und
Heil unter ihren Flügeln.   *(Mal. 3,20a)*.

Christus spricht:
Kommt her zu mir, die ihr mühselig und
beladen seid. Ich will euch erquicken.   *(Matth. 11,28)*.

Gott spricht:
Suchet mich, so werdet ihr leben.   *(Am. 5,4).*

Seht, welch große Liebe uns Gott
geschenkt hat, daß wir Gottes Kinder
heißen und es auch sind.   *(1. Joh. 3,1).*

Gott vermag euch jede Gnade im Überfluß
zu schenken, damit ihr in allem allezeit
genug habt und zu jedem guten Werke
überreich seid.   *(2. Kor. 9,8).*

Gott läßt wachsen die Gaben der Erde, daß
der Saft der Trauben erfreue der Menschen Herz
und ihr Antlitz schön werde von Öl und das
Brot der Menschen Herz stärke.   *(Ps. 104, 14b – 15)*

Gott spricht:
Fürchte dich nicht, denn ich bin mit dir.
Ich helfe dir. Ich halte dich bei meiner rechten
Hand.   *(Jes. 41,10).*

Der Engel verkündigt:
Fürchtet euch nicht. Denn siehe, ich verkündige
euch große Freude, die allem Volk widerfahren
wird. Denn euch ist heute der Heiland geboren,
welcher ist Christus.   *(Luk. 2,10f).*

Gott hat den Engeln befohlen, uns zu behüten auf
all unseren Wegen. Sie werden uns auf Händen
tragen, daß unsere Füße nicht an einen Stein
stoßen.   *(Ps. 91, 11 – 12).*

Gott spricht:
Ich will euch lösen, damit ihr ein Segen sein
sollt.   *(Sach. 8,13).*

Gott gibt den Müden Kraft und Stärke genug den
Schwachen.   *(Jes. 40,29).*

Gott spricht:
Ich will Wasser gießen auf das Durstige und
Ströme auf die Dürre. Ich will Geist auf eure
Kinder gießen und Segen auf eure Nachkommenschaft,
daß sie wachsen sollen wie Gras zwischen Wassern,
wie Weiden zwischen den Wasserbächen.   *(Jes. 44,3 – 4).*

Gott spricht:
Ich weiß wohl, was für Gedanken ich über euch
habe: Gedanken des Friedens und nicht des Leides,
daß ich euch gebe Zukunft und Hoffnung   *(Jer. 29,11).*

Gott spricht:
Ihr werdet mich suchen und finden; denn wenn ihr
mich von ganzem Herzen suchen werdet, so will
ich mich von euch finden lassen.   *(Jer. 29,13 – 14a).*

Gott spricht:
Es ströme aber das Recht wie Wasser und die
Gerechtigkeit wie ein nie versiegender Bach   *(Am. 5,24).*

Dankgebete

Gestärkt durch Brot und Saft, in Gemeinschaft geteilt,
gestärkt durch die Gaben Gottes für das Volk Gottes,
sind wir gesegnet und können ein Segen sein.
Laßt uns nun auseinandergehen in die Nacht
und alle kommenden Nächte und Tage,
indem wir an dem Bund festhalten.
Denn wir wissen, daß wir in Christus
nicht mehr Fremdlinge und geduldete Ausländer sind,
sondern Gottes geliebte Kinder,
Ebenbilder Gottes, berufen zur Liebe untereinander.
In diesem Glauben segne und behüte uns Gott.

H.K.

Wir danken dir, Gott.

Wir danken für die Gemeinschaft an deinem Tisch,
die uns miteinander verbindet
über diesen Tag hinaus.

Wir bitten für alle,
die das tägliche Brot nicht haben,
und für die, die es aus Abfalltonnen suchen müssen.

Wir bitten für alle, die einsam sind
und ohne den Schutz einer Gemeinschaft leben müssen.

Wir danken für dein befreiendes Wort,
das uns nicht festlegt auf unsere Möglichkeiten von heute,
das uns ermutigt, weiterzusuchen nach dem einen, das
uns nottut.

Wir bitten für alle,
die unter Zwängen leben,
unter selbstgesuchten und auferlegten.

Wir bitten für alle, die unglücklich sind in der Rolle,
die sie in ihrem Leben spielen oder spielen müssen.

Wir danken für die Befreiung,
die wir in alten Texten der Bibel entdecken.
Wir danken für die kleinen Schritte der Veränderung,
die wir an uns selbst wahrnehmen,
und für die Hoffnung auf mehr, die in uns wächst.

Wir bitten für alle,
die ohne den Trost und die Ermutigung deines Wortes leben.
Laß uns zueinander finden
und weitergeben von dem Brot des Lebens,
das wir von dir empfangen haben.

Chr. Kr.

Gott, du Quelle des Lebens,
wir haben miteinander deinen Advent gefeiert.
Wir haben Brot und Traubensaft geteilt
und gemeinsam deine neue Ordnung gespürt.
Die Starken werden sich zu den Schwachen setzen.
Ein Licht wird auf den dunklen Plätzen leuchten,
und die Straßen werden widerhallen mit Rufen der Freude.
Tränen werden trocknen,
und Lachen wird in den Fluren der Häuser erklingen.
Ein neues Reich wurde für uns alle geöffnet,
dein Reich, Gott.
In dieser Hoffnung beten wir gemeinsam...
Frei nach einem Gebet vom
Christlichen Studentenbund

H.K.

Wo zwei oder drei

Vor ihrer Tür wischen
und den Hinterhof aufräumen,
den Tisch decken
und Blumen draufstellen,
ihr Geld zählen
und es zusammenlegen,
die Tränen trocknen
und ein Fest feiern,
miteinander streiten
und sich versöhnen,
miteinander sprechen
und sich verstehen,
neu beginnen
und nicht zurückschauen,
ihr Haus öffnen
und ihr Herz,

versammelt sind
in meinem Namen,
da bin ich mitten unter ihnen!

S.K.

Gott,
wir haben Brot und Saft miteinander geteilt,
und in beidem hast du dich uns mit-geteilt.
Dafür danken wir dir.
Mach uns fähig,
auch im alltäglichen Leben
miteinander zu teilen:
unsere Zeit und unsere Kraft,
unsere Gedanken und Fragen und unsere Gefühle.
Laß uns dabei erfahren,
daß du dich uns mit-teilst,
wo wir in deinem Namen
heilen, teilen und miteinander leben.

Gott,
wir haben deine Verheißung gehört,
die du dem Teilen gegeben hast.
Mach uns frei von dem Zwang,
alles haben und festhalten zu müssen.
Laß uns vielmehr erfahren
wie die Witwe von Sarepta,
daß unser Leben reicher
und unser Glück größer wird,
wenn wir es mit anderen teilen.
Nimm uns die krampfhafte Angst,
zu kurz zu kommen.
Wo wir uns am Ende fühlen und leer,
fülle du uns mit Mut zu einem neuen Anfang.

Gott,
wir gedenken vor dir aller Menschen,
die heute ihr letztes Stück Brot essen.
Erbarm dich ihrer!
Und erbarm dich unser,
denn wir wissen,
daß viele von ihnen am Mangel sterben,
weil wir im Überfluß leben.
Mach uns mutiger zu teilen,
unser Brot und unser Geld,
aber auch unser kleines bißchen Glauben,
unsere zaghafte Hoffnung
und unsere bruchstückhafte Liebe,
damit wir erfahren können, daß es wahr ist:
Du segnest,
was wir teilen.
Laß uns in deinem Namen, Gott,
heilen, teilen und miteinander leben.

Chr. Kr.

Einmal werden wir
aufstehen vom Tisch
und nicht wiederkehren.
Einmal werden wir fortgehen
und nicht wissen,
daß es das letzte Mal war.
Alles wird stehen bleiben
und niemand mehr ordnen
Besteck und Geschirr
noch die Schalen der Nüsse.
Hart wird werden
das duftende Brot,
und vertrocknen werden
die Beeren der Trauben.

Und niemand wird fragen,
wohin wir gegangen
noch wer wir gewesen.
Aber andere
werden sich niedersetzen
zu Brot und Nüssen,
zu Trauben und Mais –
und das Leben feiern,
das aufersteht,
wenn wir teilen
das Mahl.

S.K.

Quellennachweis

Die Gebete, Lieder und Texte in diesem Buch entstanden für die unterschiedlichsten Gottesdienste in den vergangenen Jahren und wurden in verschiedenen Gemeinden erprobt. Eine Veröffentlichung war damals nicht geplant.

Wir haben uns bemüht, eventuelle Quellen für einzelne Stücke zu rekonstruieren. Falls diese Angaben im Einzelfall unvollständig sein sollten, bitten wir um Entschuldigung und Benachrichtigung.

S. 28 »Zu beglückwünschen sind Menschen, ...«
Mit freundlicher Genehmigung der RADIUS-Verlag GmbH Stuttgart entnommen aus:
Psalmtexte, übertragen von Horst und Klaus Bannach
© RADIUS-Verlag GmbH; Stuttgart 1980

S. 57 »Schuld«, Dagmar Bröker
S. 140 »Segen«, Christel Voß-Goldstein
aus: Christel Voß-Goldstein (Hrsg.), Abel, wo ist deine Schwester? Frauenfragen. Frauengebete, Patmos Verlag, Düsseldorf 3/1991

S. 65 »Du, Gott, Freundin der Menschen ...«
aus: L. Schottroff, D. Sölle, B. v. Wartenberg-Potter, Das Kreuz – Baum des Lebens, Kreuz Verlag, Stuttgart 1987

S. 99 »Leid wie Jesu tragen«
aus: »Liturgie im Kindergottesdienst«, Materialheft Nr. 45, 1985 S. 170
S. 159 »Brot, ein Wunder aus Erde, ...«
aus: »Feiert Abendmahl – Eröffnungen«, Materialheft Nr. 49/50, 1987 S. 159 f. (hier ergänzt) der Beratungsstelle für Gestaltung von Gottesdiensten und anderen Gemeinde- veranstaltungen, Eschersheimer Landstr. 565, Frankfurt am Main

S. 114 »Gott, unser Vater und unsere Mutter, ...«
aus: D. Sölle/L. Schottroff, DIE ERDE GEHÖRT GOTT, aktuell 5634, Copyright © 1985 by Rowohlt Taschenbuch Verlag GmbH, Reinbek

S. 154 »Nicht Brot – so grau wie unsere Hoffnung. ...«
S. 154 »Die Spaltung unserer Welt ...«
S. 155 »Bin ich reich? ...«
aus: Dorrit Fischer, Raimund Hoenen, Friedrich Schorlem-
mer, Wolfgang Triebler, Armin Vergens; in: Vater unser –
Ein biblisches Brevier, Evangelische Haupt-Bibelgesell-
schaft zu Berlin und Altenburg, DDR 1985.

Literaturhinweis:

Hildburg Wegener / Hanne Köhler / Cordelia Kopsch,
Frauen fordern eine gerechte Sprache,
Gütersloher Taschenbücher/Siebenstern 484, Gütersloh 1990

Dorle Schönhals-Schlaudt,
»Du, Eva, komm sing dein Lied« –
Liederheft u. Musikkassette zur ökumenischen Dekade
»Solidarität der Kirchen mit den Frauen«
Zu beziehen bei:
Beratungsstelle für Gestaltung von Gottesdiensten
Eschersheimer Landstraße 565, 6000 Frankfurt/M.

Schlüssel für die Namenskürzel:

E. B.	Erdmuthe Borschel
D. B.	Dagmar Bröker
R. E.	Renate Ellmenreich
L. H.	Dr. Lothar Helm
U. J.	Ursula Jung
H. K.	Hanne Köhler
S. K.	Susanne Kramer
Chr. K.	Christa Kronshage
H. R.	Heidi Rosenstock
H. Str.	Hanne Strack
U. W. R.	Ulrike Wagner-Rau
V. S. W.	Vera Sabine Winkler
W. P.	Winfried Penk
M. W.	Mareike Wöbken

Stichwortverzeichnis

abgeschrieben	45
abgestorben	45
Abigail	104
Advent	18, 88, 124
Alltag	54, 55
alt	145
ändern	59, 83
Angst	26, 28, 48, 77, 83, 113
Arbeit	17
Atem	152
auferstehen	90, 138, 172
Auferstehung	76, 91, 129
Aufgabe	56
aufstehn	46
austeilen	141
befreien, Befreiung	17, 36, 91, 152, 169
beharrlich	117
beherrschen	50
behüten	35
beten	60
bewahren	75
Bilder	86
Brot	39, 114, 130, 138, 146, 154, 163
Brunnen	124
Buß- und Bettag	23
Dank	108
Ebenbild, Ebenbilder Gottes	16, 85, 142
Einheit	13
Einladung	72
Engel	18
Entscheidung	103
Erbarmen	142
Erde	32, 33, 38, 43, 141, 147
ermutigen	85
erwachsen	144
Feigenbaum	43
Fest	12, 22, 34, 139
festgefahren	45
Feuer	38, 146

flüchten	47, 52
Frau	145
Frau und Mann	20
Freiheit	73, 150
Fremde	37
Freude	29, 42, 78, 81, 159
Frieden	23, 53, 54, 58, 83, 84, 125, 131, 136, 140
Fülle	14
Gebet	84, 109
Gebote	54
Geduld	73, 85
gefährdet	118, 120
Gehen	47
Geist	40, 43, 73
gelassen	144
Gemeinde	74, 90
Gemeinschaft	168
genießen	156, 158
gerechte Welt	75
Gerechtigkeit	83, 112, 136, 137, 150
Gesetz	30
getreten	46
Gewalt	50, 58, 75, 122
Glauben	81
Gnade	36, 74
Grenzen	13, 84, 117
Grund	82
Gründonnerstag	152
Güte	31, 54, 75, 116
Halt	59, 82
handeln	129
Haß	50
Heil	28, 64, 140
heilig	72
Heiligabend	89, 125
Hilfe	26, 35, 43
Hilferuf	36
Hoffnung	12, 17, 30, 77, 130, 153, 169
Hunger	158
ich	46
Israel	22, 125, 131

Jahre   145
Jahresschluß   19, 20, 126, 161
Jona   116
Jubel   42

Karfreitag   153
Kind   113
Kirche   16, 23, 101, 116, 121
Königin von Saba   117
Kraft   14, 15, 86, 152
Kritik   117

laut   158
Leben   12, 13, 16, 23, 32, 43, 51, 78, 79, 85,
                     111, 127, 128, 140, 154, 159, 162,
                     163, 172
Leid   121
leiden   112
Licht   16, 38, 75, 124, 146
Liebe   14, 65, 107, 139, 140, 150
Luft   146

Macht   36, 62
Mahl   172
Maria   62
Maria und Martha   103
Mühen   73
Mund   160
Mut   15, 17, 41, 78, 86, 110, 130, 160

Nacht   25
Nähe   72
neu   13, 57
neu geboren   67, 145
neue Anfänge   14, 75
neue Kraft   71
neue Wege   14
neuer Anfang   61
nötig haben   156

Opfer   122
Ordnung   59
Orientierung   15, 27, 41, 55, 75, 83, 120
Ostern   13, 21, 34, 90, 96, 127, 129, 130, 136,
                     137

Passion	20, 59, 99, 121, 122, 162, 163
Pfingsten	21, 40
Phantasie	17, 139
Pua und Schifra	103
Quelle	43
Rahab	110
Recht	30, 36
Reich Gottes	15, 20, 22, 55, 58, 72, 140
Resignation	152
Rettung	33
Ruhe	17, 22, 73, 84, 86, 142, 149
Schabbat	17
Schale	146
Schöpfung	14, 16, 32, 33, 38, 48, 54, 62, 73, 111, 120
Schuld	56, 61, 74
Schutz	31, 138
Schwächen	152
sehen	87
Sehnsucht	49
Selbstverachtung	63
singen	81, 109
Sophia	40, 143
Spaltung	154
spielen	33
Sprache	69
Sprachlosigkeit	160
stärken	157
Staunen	157
stellvertretend	60
Tanz	109, 146
taufen	138
teilen	152, 159, 170
Thamar	119
Thomas	104
Tischgemeinschaft	155
Tod	12, 13, 16, 20, 21, 59, 79, 127, 128, 140, 159, 162
Toleranz	15, 64, 116
Trauer	16, 23, 78, 132
Traum	19, 83, 118, 139

Umkehr, umkehren	15, 73
Unglauben	56
Unrecht	121
Veränderung	169
vereint	156
Vergebung	28, 31, 41, 75, 140
vergewaltigt	112, 122
verloren	66
verlorenen Sohn	104
vernetzen	78
Verschiedenartigkeit	106
Vertrauen	141, 150
Verzeihung	102
Verzweiflung	113
Volkstrauertag	132
vorbeischauen	117
wachsen	113
Wasser	38, 146
Weg	13, 49, 141
Weihnachten	18, 19, 88, 160
Weisheit	40, 143
Weltgebetstag	20
werden	57
Wind	32, 38, 139
Witwe	104
Witwe von Sarepta	171
Wort	138
Würde	85, 114, 119
Zeichen	17
zerstören	58
Ziel	141
Zukunft	15, 74, 110
Zutrauen	55

Verzeichnis der Lieder

Alles kommt von dir . . . . S. 40
An deinem Brunnen, Gott . . . . S. 68
Aus der Tiefe wachsen . . . . S. 25
Ausgestreut . . . . S. 67
Brot, das uns stärkt . . . . S. 163
Christus erbarme dich . . . . S. 67
Der Morgen fließt . . . . S. 149
Du Gott, Freundin der Menschen . . . . S. 65
Du Gott, ich will dich loben . . . . S. 76
Du Gott stützt mich . . . . S. 41
Du sammelst meine Tränen . . . . S. 79
Du verwandelst meine Trauer . . . . S. 78
Gott deine Taten . . . . S. 42
Gott, halte mein Herz . . . . S. 42
Gott stärke dich . . . . S. 148
Ich wünsch dir Freundinnen . . . . S. 150
In den Gärten der Gerechtigkeit . . . . S. 150
Kyrie, erbarm dich . . . . S. 67
Presse mich nicht . . . . S. 68
Manchmal – Ein Auferstehungslied . . . . S. 76/77
Sprache, die seit Menschenzeiten . . . . S. 69
Tausend Fäden . . . . S. 78
Unter Gottes Regenbogen . . . . S. 43
Wär Christus tausendmal . . . . S. 69
Wär ich ein Feigenbaum . . . . S. 43
Wir teilen Brot . . . . S. 164